Was passiert, wenn...?

Text von John Farndon

Bilder von Steve Fricker & Mike Harnden

Aus dem Englischen von Werner Horwath

Kinderbuchverlag Luzern

John Farndon (Text)
Steve Fricker / Mike Harnden (Bilder)
Was passiert, wenn...?

Aus dem Englischen von Werner Horwath

A Marshall Edition
Conceived, edited and designed by
Marshall Editions, 170 Piccadilly, London W1V 9DD

(Titel der englischen Originalausgabe: What Happens When...?)

First published by Macdonald Young Books, Hove, East Sussex

Satz: Sauerländer AG, Aarau
Printed in Italy

ISBN: 3-276-00189-6
Bestellnummer: 19 00189

Die Deutsche Bibliothek – CIP-Einheitsaufnahme

Was passiert wenn...? / Text von John Farndon. Bilder
von Steve Fricker & Mike Harnden. Aus dem Engl. von Werner
Horwath. – Luzern : Kinderbuchverl., 1997
Einheitssacht.: What happens when ...?
ISBN3-276-00189-6
NE:Farndon, John; Fricker, Steve;Horwath, Werner [Übers.] ; EST

Inhalt

Einführung

Wenn du vor 200 Jahren zu Hause Licht, Wasser und Essen haben wolltest, musstest du erst mal losgehen und alles selbst holen. Heutzutage drückst du einfach den Lichtschalter, drehst am Wasserhahn oder greifst zum Telefon um eine Pizza zu bestellen. Ganz einfach! Oder?
In diesem Haus siehst du viele Dinge, die wir im täglichen Leben für selbstverständlich halten. Aber wie funktioniert das alles? Die kleinen Männchen zeigen es dir in diesem Buch. Die Begriffe, die näher erklärt werden müssen, sind **fett** gedruckt und können auf Seite 44 nachgeschlagen werden.

Unterirdisch

Manche Dinge im Haus kommen aus dem Untergrund: Wasser und Gas aus unterirdischen Rohren und **Elektrizität** aus Kabeln mit Kupferdrähten. Auch die Telefonleitung liegt manchmal unter der Erde. Das Schmutzwasser gelangt durch einen ebenfalls unterirdischen Abwasserkanal wieder aus dem Haus.

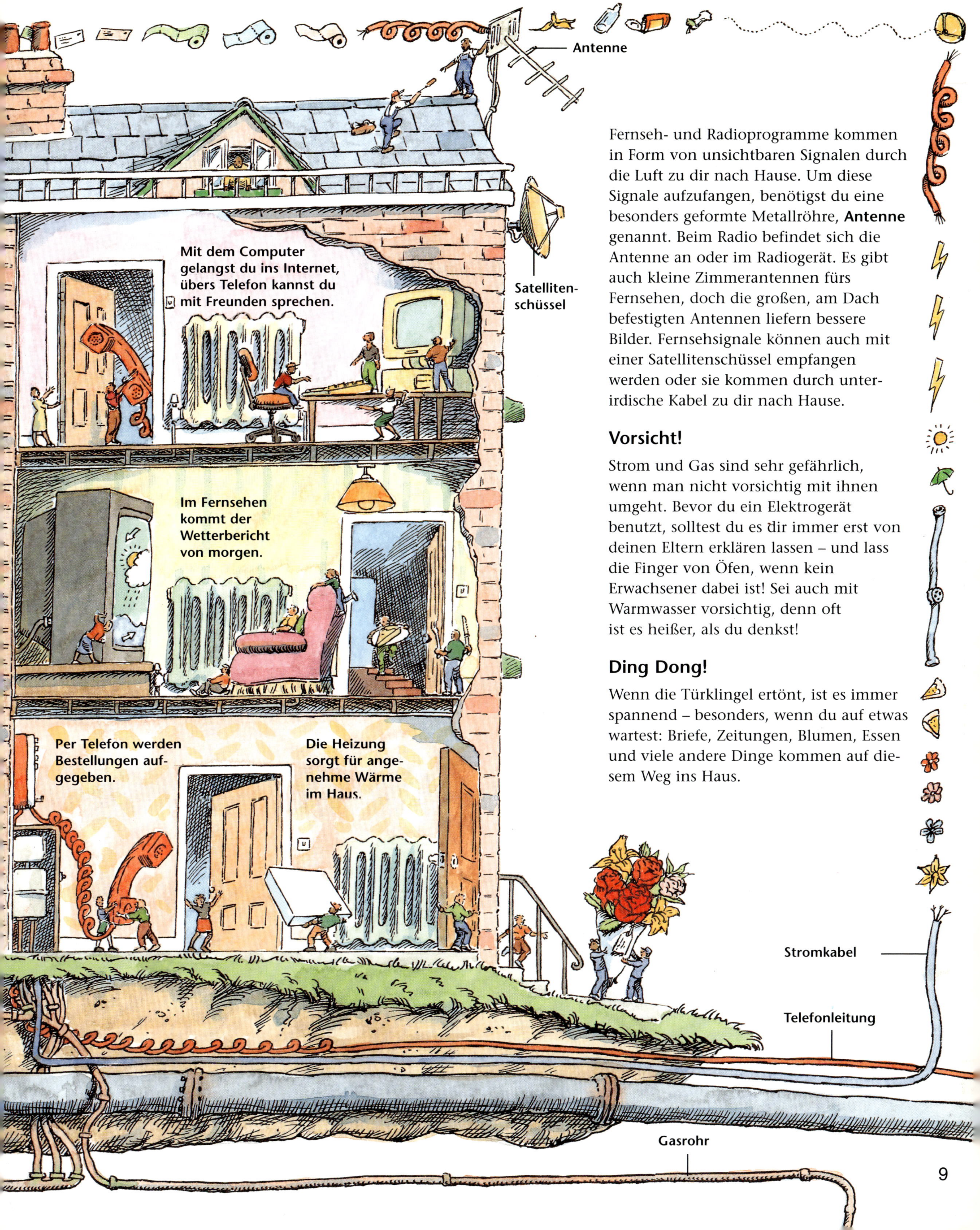

Fernseh- und Radioprogramme kommen in Form von unsichtbaren Signalen durch die Luft zu dir nach Hause. Um diese Signale aufzufangen, benötigst du eine besonders geformte Metallröhre, **Antenne** genannt. Beim Radio befindet sich die Antenne an oder im Radiogerät. Es gibt auch kleine Zimmerantennen fürs Fernsehen, doch die großen, am Dach befestigten Antennen liefern bessere Bilder. Fernsehsignale können auch mit einer Satellitenschüssel empfangen werden oder sie kommen durch unterirdische Kabel zu dir nach Hause.

Vorsicht!

Strom und Gas sind sehr gefährlich, wenn man nicht vorsichtig mit ihnen umgeht. Bevor du ein Elektrogerät benutzt, solltest du es dir immer erst von deinen Eltern erklären lassen – und lass die Finger von Öfen, wenn kein Erwachsener dabei ist! Sei auch mit Warmwasser vorsichtig, denn oft ist es heißer, als du denkst!

Ding Dong!

Wenn die Türklingel ertönt, ist es immer spannend – besonders, wenn du auf etwas wartest: Briefe, Zeitungen, Blumen, Essen und viele andere Dinge kommen auf diesem Weg ins Haus.

Elektrizität

Die Birne in deiner Lampe wird durch eine unsichtbare Energie, die **Elektrizität**, zum Leuchten gebracht. Elektrizität wird in Kraftwerken gewonnen. Doch wie gelangt sie von dort in deine Lampe?

1. Gewinnung von Dampf

In Kraftwerken werden Kohle, Öl, Gas oder atomare Stoffe verbrannt um Wasser zu erhitzen und in Dampf zu verwandeln. Der Dampf wird auf die Blätter einer Turbine geleitet, damit diese rotiert. In Wasserkraftwerken treibt herabstürzendes Wasser die Turbinen an.

2. Schneller Dreh

In einem Generator dreht die rotierende Turbine eine Kupferdrahtspule zwischen den Polen eines riesigen **Magneten**.

3. Stromerzeugung

Die Kraft des Magneten zieht winzige Energiebündel, sogenannte **Elektronen**, durch den Draht. Die Bewegung der Elektronen macht sich als **elektrischer Strom** bemerkbar.

4. Höhere Spannung

Damit der Strom aus dem Kraftwerk besser in die Häuser transportiert werden kann, wird die Stromspannung in einem Eisenring, **Transformator** genannt, erhöht.

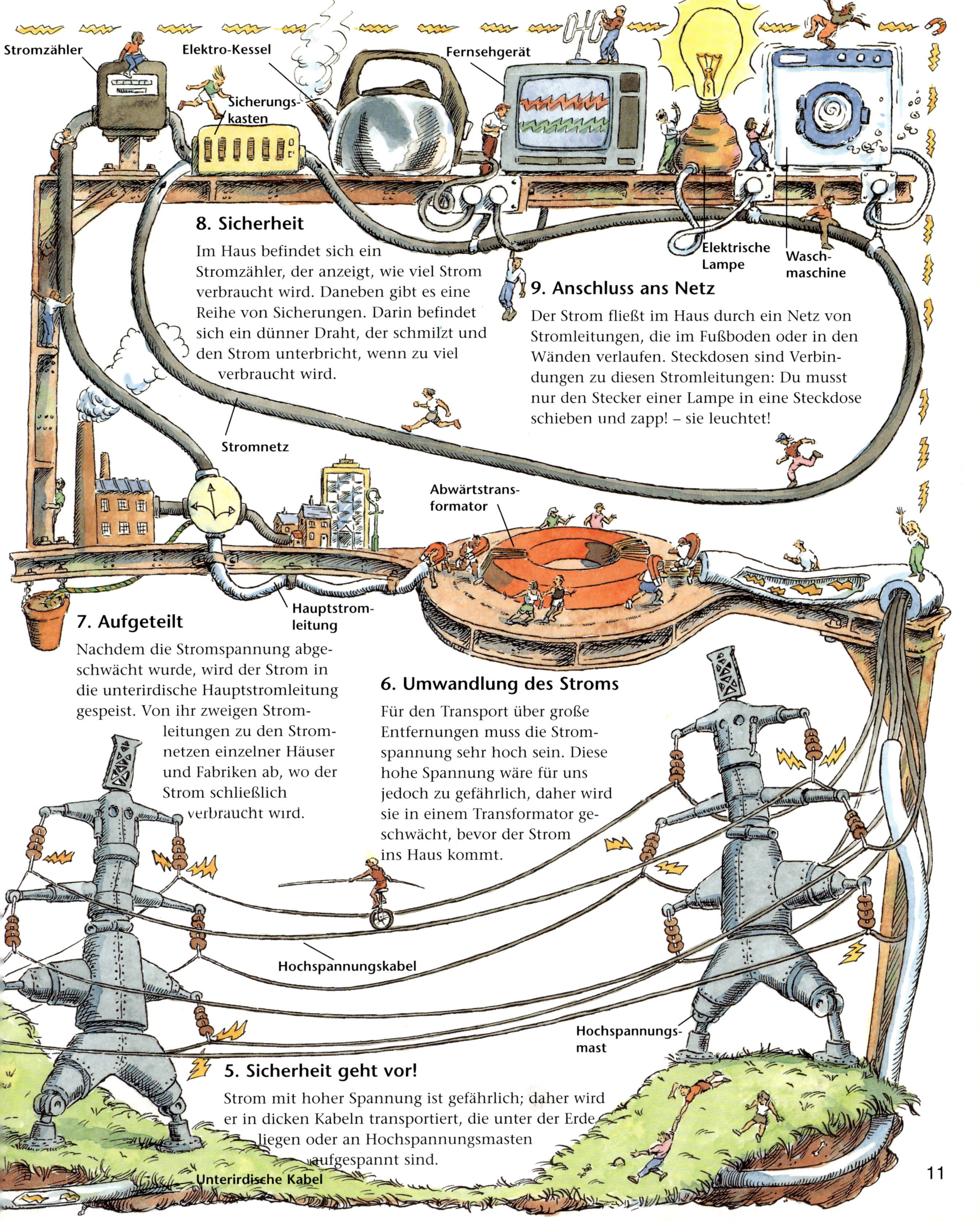

5. Sicherheit geht vor!

Strom mit hoher Spannung ist gefährlich; daher wird er in dicken Kabeln transportiert, die unter der Erde liegen oder an Hochspannungsmasten aufgespannt sind.

6. Umwandlung des Stroms

Für den Transport über große Entfernungen muss die Stromspannung sehr hoch sein. Diese hohe Spannung wäre für uns jedoch zu gefährlich, daher wird sie in einem Transformator geschwächt, bevor der Strom ins Haus kommt.

7. Aufgeteilt

Nachdem die Stromspannung abgeschwächt wurde, wird der Strom in die unterirdische Hauptstromleitung gespeist. Von ihr zweigen Stromleitungen zu den Stromnetzen einzelner Häuser und Fabriken ab, wo der Strom schließlich verbraucht wird.

8. Sicherheit

Im Haus befindet sich ein Stromzähler, der anzeigt, wie viel Strom verbraucht wird. Daneben gibt es eine Reihe von Sicherungen. Darin befindet sich ein dünner Draht, der schmilzt und den Strom unterbricht, wenn zu viel verbraucht wird.

9. Anschluss ans Netz

Der Strom fließt im Haus durch ein Netz von Stromleitungen, die im Fußboden oder in den Wänden verlaufen. Steckdosen sind Verbindungen zu diesen Stromleitungen: Du musst nur den Stecker einer Lampe in eine Steckdose schieben und zapp! – sie leuchtet!

Zeitung

«Tiger aus dem Zoo entlaufen!» lautet die Schlagzeile der Tageszeitung. Doch wie gelangt diese Nachricht in die Zeitung?

1. Brandheiße Meldung!

Die Zeitungsredaktion erfährt vom Tigerausbruch und schickt sofort Reporter und Fotografen los, die sich genau erkundigen und darüber einen Bericht machen.

2. Berichterstattung

Der Bericht und die Filmrolle werden schnellstmöglich in die Redaktion gebracht. Dort geben Journalisten die Geschichte in einen Computer ein.

3. Gestaltung der Seite

Mit Hilfe eines **Scanners** werden die Fotos in den Computer eingelesen. Die Texte und Bilder werden auf dem Monitor so angeordnet, dass sie auf eine Zeitungsseite passen. Diese druckt der Computer auf einem durchsichtigen Film aus.

4. Die Druckplatte

Durch spezielles Licht werden die Informationen des Films auf eine lichtempfindliche Metallplatte kopiert.

5. Säurebad

Das Licht scheint durch den Film auf die Platte. Buchstaben und Fotos bleiben dabei als Schatten zurück. Die Platte wird in ein Säurebad gelegt. Dort, wo die Schatten sind, ätzt die Säure Vertiefungen in die Platte.

6. Seiten auf Platte

Für jede Zeitungsseite wird eine Druckplatte angefertigt, auf der die Texte und Bilder als Vertiefungen erscheinen.

7. Die Druckmaschine

Jede Platte wird auf einer Walze befestigt und eingefärbt. Dann wird die Platte gesäubert, so dass die Farbe nur in den Vertiefungen zurückbleibt. Fertig zum Druck!

8. Frisch bedruckt!

Blatt für Blatt wird das Papier unter die Walze gezogen. Das Papier nimmt die Farbe aus den Vertiefungen der Druckplatte auf. Sind alle Seiten bedruckt, werden sie gefaltet und sortiert. Die fertigen Zeitungen werden schließlich zu Bündeln verpackt.

9. Schon gelesen?

Zeitungslaster eilen mit den Neuigkeiten zu den Kiosken: Was für eine Geschichte! Wo in aller Welt steckte der Tiger bloß?

Wetterbericht

Wenn du wissen willst, ob morgen die Sonne scheint oder ob es regnet, kannst du den Wetterbericht im Fernsehen ansehen. Doch woher wissen die Meteorologen, wie das Wetter morgen wird? Sie wissen es, da jedes Wettergeschehen irgendwo beginnt; und wenn sie das Wetter auf der ganzen Erde verfolgen, können sie vorhersagen, wie sich unser Wetter entwickelt.

2. Satellitenbilder

Satelliten in der Erdumlaufbahn machen Bilder von der Erde. Diese senden sie an Wetterstationen am Boden weiter. Die Bilder zeigen den Meteorologen, wo sich Wolken auftürmen und welche Wetterlage sich entwickelt.

3. Aus der Luft

Meteorologen müssen nicht nur wissen, welches Wetter am Boden herrscht, sondern auch, was sich in der Höhe abspielt. Aus diesem Grund steigen täglich Wetterballons über 30 km hoch. Mit ihren Messinstrumenten stellen sie die Wetterverhältnisse fest und funken die Ergebnisse zum Boden.

1. Wetterbeobachtung

In der ganzen Welt gibt es Wetterwarten, wo Luftfeuchtigkeit, Luftdruck, Temperatur, Niederschlagsmenge und Windstärke gemessen werden. Die Wetterwarten senden die Ergebnisse an die nächste Wetterstation. Die Wetterstation erhält neben den Daten einzelner Warten auch Informationen von Wetterballons und -satelliten und übermittelt die gesammelten Informationen an einen Nachrichtensatelliten.

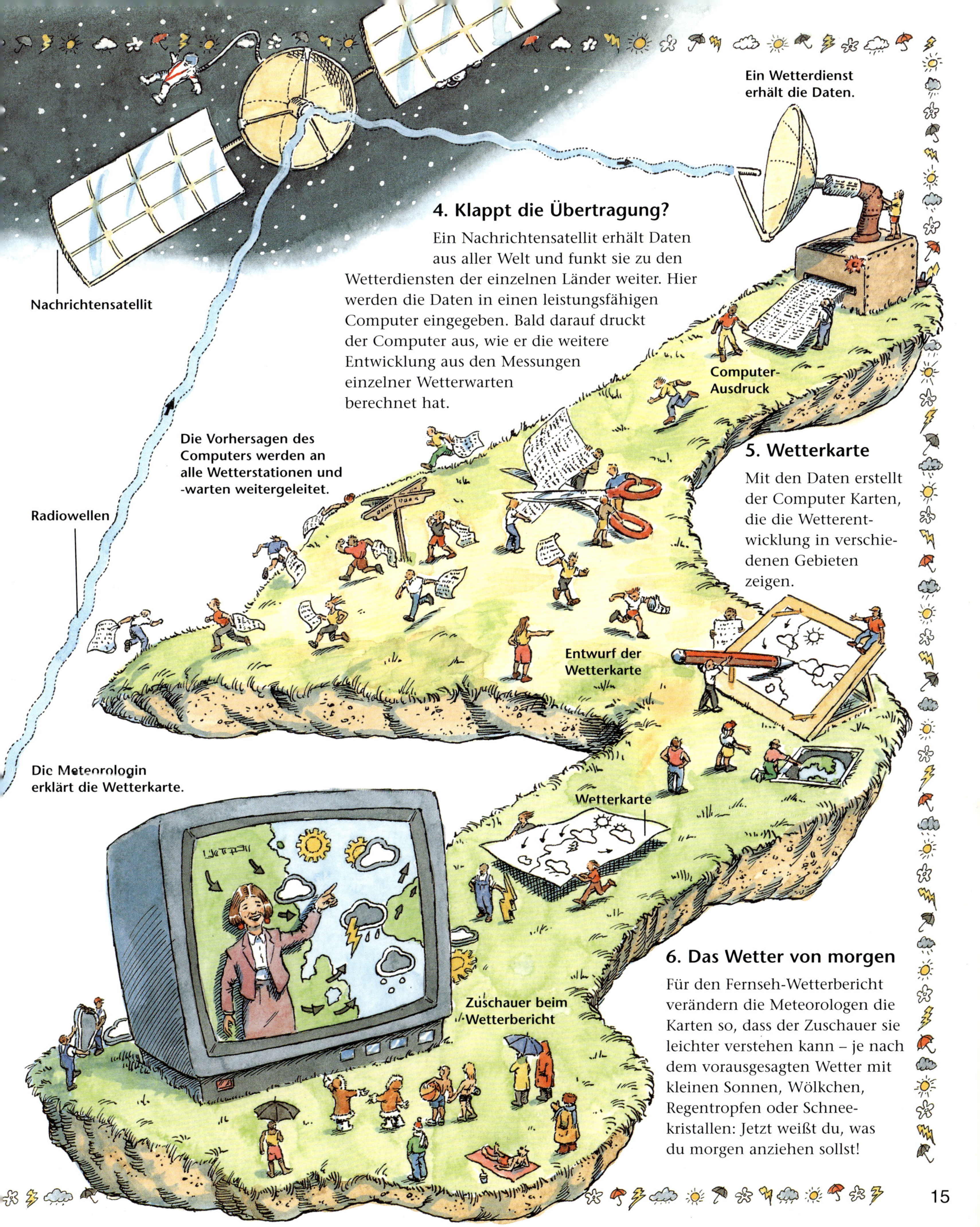

4. Klappt die Übertragung?

Ein Nachrichtensatellit erhält Daten aus aller Welt und funkt sie zu den Wetterdiensten der einzelnen Länder weiter. Hier werden die Daten in einen leistungsfähigen Computer eingegeben. Bald darauf druckt der Computer aus, wie er die weitere Entwicklung aus den Messungen einzelner Wetterwarten berechnet hat.

5. Wetterkarte

Mit den Daten erstellt der Computer Karten, die die Wetterentwicklung in verschiedenen Gebieten zeigen.

6. Das Wetter von morgen

Für den Fernseh-Wetterbericht verändern die Meteorologen die Karten so, dass der Zuschauer sie leichter verstehen kann – je nach dem vorausgesagten Wetter mit kleinen Sonnen, Wölkchen, Regentropfen oder Schneekristallen: Jetzt weißt du, was du morgen anziehen sollst!

Wasser

Du drehst am Hahn und es fließt Wasser – frisch und sauber, geeignet zum Trinken und zum Waschen. Bei uns verbraucht jeder Mensch über 140 Liter Wasser am Tag. Das meiste Wasser hat seinen Ursprung im Regen, doch wie gelangt es in den Wasserhahn?

1. Es regnet!

Das Regenwasser fließt in Flüsse oder versickert im Boden. Durch Pumpen gelangt es in gewaltige Rohre. Verunreinigungen, wie Äste oder tote Fische, werden herausgefiltert.

8. Badezeit

Die Wasserrohre sind mit Leitungen im Haus verbunden, die zu einem Wasserspeicher oder direkt zum Wasserhahn führen.

7. Wasser marsch!

Das Wasser wird mit hohem Druck durch die Leitungen gepumpt. In einigen Straßen sieht man besondere Zapfstellen, sogenannte **Hydranten**, die direkt mit den Hauptwasserleitungen verbunden sind. Hier werden z.B. die Schläuche der Feuerwehr angeschlossen, wenn es brennt.

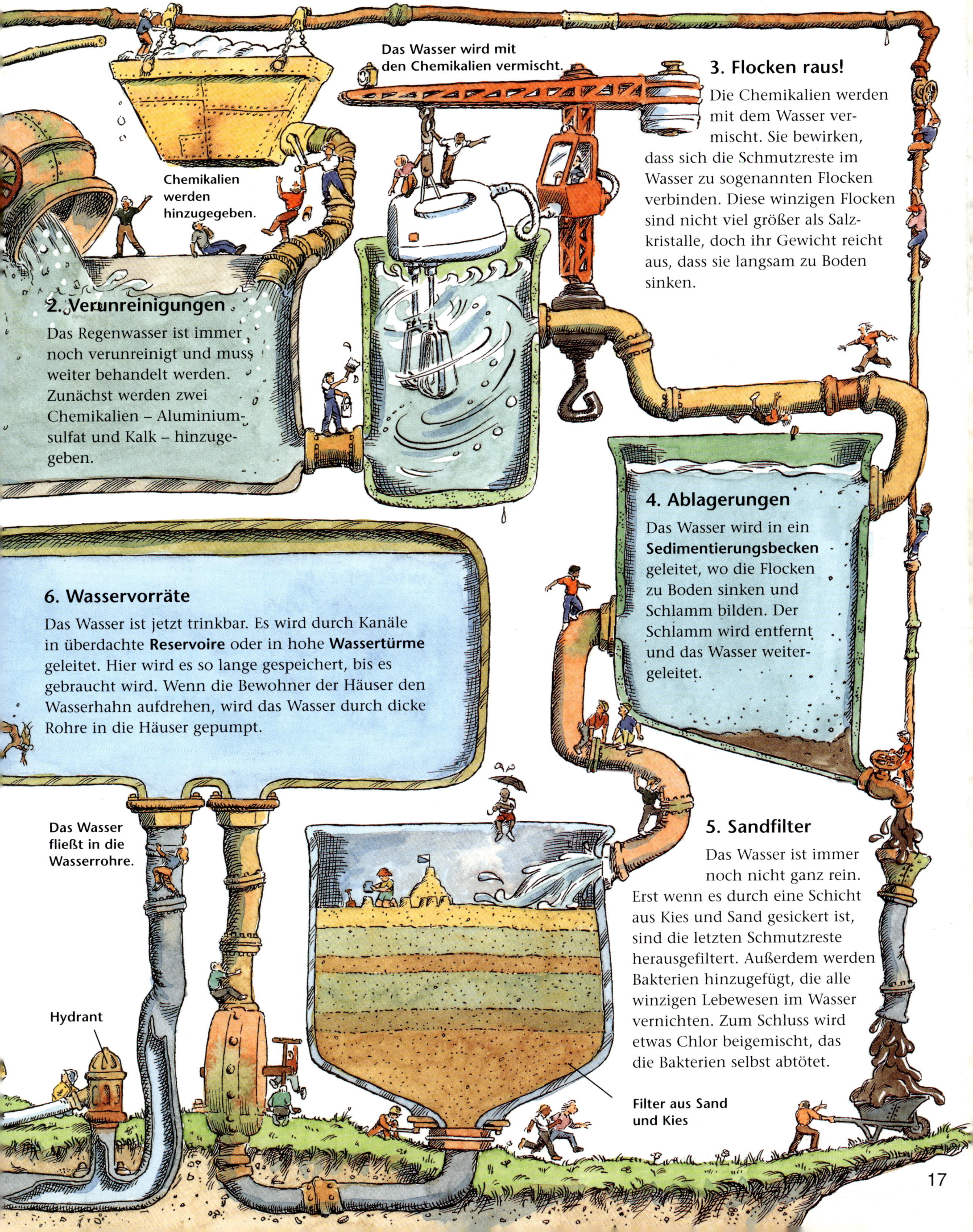

2. Verunreinigungen

Das Regenwasser ist immer noch verunreinigt und muss weiter behandelt werden. Zunächst werden zwei Chemikalien – Aluminiumsulfat und Kalk – hinzugegeben.

3. Flocken raus!

Die Chemikalien werden mit dem Wasser vermischt. Sie bewirken, dass sich die Schmutzreste im Wasser zu sogenannten Flocken verbinden. Diese winzigen Flocken sind nicht viel größer als Salzkristalle, doch ihr Gewicht reicht aus, dass sie langsam zu Boden sinken.

4. Ablagerungen

Das Wasser wird in ein **Sedimentierungsbecken** geleitet, wo die Flocken zu Boden sinken und Schlamm bilden. Der Schlamm wird entfernt und das Wasser weitergeleitet.

5. Sandfilter

Das Wasser ist immer noch nicht ganz rein. Erst wenn es durch eine Schicht aus Kies und Sand gesickert ist, sind die letzten Schmutzreste herausgefiltert. Außerdem werden Bakterien hinzugefügt, die alle winzigen Lebewesen im Wasser vernichten. Zum Schluss wird etwas Chlor beigemischt, das die Bakterien selbst abtötet.

6. Wasservorräte

Das Wasser ist jetzt trinkbar. Es wird durch Kanäle in überdachte **Reservoire** oder in hohe **Wassertürme** geleitet. Hier wird es so lange gespeichert, bis es gebraucht wird. Wenn die Bewohner der Häuser den Wasserhahn aufdrehen, wird das Wasser durch dicke Rohre in die Häuser gepumpt.

Es gibt Pizza!

Es kommt dir sicher lange vor, wenn du über eine Stunde auf die Pizza warten musst. Doch bis alle Zutaten dafür fertig sind, vergeht fast ein Jahr!

1. Vorbereitung

Wenn du die Pizza bestellst, legt der Koch los: Zunächst mischt er Hefe, Zucker, Wasser und etwas Mehl zusammen und lässt die Mischung kurz ruhen.

2. Blasenbildung

Die Hefe bringt den Zucker zum **Gären**, d.h. er wird zu Alkohol abgebaut. Dabei entstehen Bläschen aus dem Gas Kohlendioxid, die die Mischung leicht schaumig werden lassen.

3. Luftig leicht

Die Hefemischung wird nun zusammen mit Olivenöl, Mehl und etwas Salz in eine Schüssel gegeben und zu Teig verarbeitet. Die Gasbläschen machen den Teig leicht und luftig. Ohne diese Bläschen wäre der Teig sehr dick und schwer.

4. Durchgeknetet

Der Koch legt den Teig auf eine Tischplatte und knetet ihn so lange durch, bis er eine feste Masse bildet.

Lebensmittel

Mit einem kurzen Telefonanruf kannst du tischfertige Speisen ins Haus bestellen. Wenn du beispielsweise eine Pizza bestellst, hat die Pizzeria bereits die Zutaten aus aller Welt bei sich und bereitet dir daraus in weniger als einer Stunde eine knusprige Pizza zu. Auf diesen Seiten kannst du verfolgen, wie das funktioniert.

Essen aus aller Welt

Früher ernährten sich die Menschen nur von Lebensmitteln, die es in ihrer eigenen Umgebung gab. In vielen ärmeren Ländern ist dies heute noch so, vor allem in den Dörfern. Doch in reicheren Ländern Amerikas, Europas, in Japan und Australien können die Menschen Lebensmittel aus aller Welt kaufen. Frühstückst du z.B. Butterbrot mit Marmelade und einem Glas Orangensaft dazu, kann es sein, dass der Saft aus Florida/USA, der Weizen für das Brot aus Indien und die Butter aus Neuseeland kommen. Und die Aprikosen in der Marmelade könnten aus Spanien und der Zucker aus der Karibik stammen!

Was passiert bei der Bestellung einer Pizza?

Worauf hast du Lust?

Man kann sich so viel verschiedene Speisen ins Haus bringen lassen, dass die Auswahl richtig schwer fällt! Neben Pizzas gibt es indische Currygerichte, China-Spezialitäten, Döner, amerikanische Burger und vieles andere mehr. Wir haben uns für eine Pizza mit Käse und Tomate und zusätzlich Sardellen entschieden. Wenn du das nicht magst – macht nichts: Die Karte bietet eine große Auswahl!

Läuft dir beim Anblick der Speisekarte nicht das Wasser im Mund zusammen? Also ran ans Telefon und sage, was du willst!

Zutaten für den Pizzateig

Weizen wird geerntet, wenn die Ähren reif sind.

Beim Dreschen werden die Körner abgesondert.

Danach wird die Spreu von den Weizenkörnern getrennt.

Schließlich wird das Korn zwischen großen, schweren Mühlsteinen zu Mehl gemahlen. Dieses Mehl kommt in den Pizzateig.

Salz
Speisesalz wird blockweise in unterirdischen Salzminen gewonnen.

Die Salzblöcke werden zu kleinen Salzkristallen zerstampft, getrocknet und in Kartons verpackt.

Das Salz wird in die Pizzeria geliefert und dort in Salzstreuer gefüllt.

Hefe besteht aus winzigen Pilzen, die in warmen Fässern wachsen.

Die Hefe wird den Fässern entnommen, getrocknet und in kleine Würfel geschnitten.

Die trockenen Hefewürfel werden verpackt und dann verkauft.

Olivenöl
Oliven wachsen in warmen Ländern auf Bäumen.

Sie werden geerntet und in einer Schraubenpresse ausgedrückt.

Der beim Pressen austretende Saft, das sogenannte Olivenöl, wird in Flaschen gefüllt.

Das Olivenöl wird in die Pizzeria geliefert.

Zucker
Zucker wird aus Zuckerrohr gewonnen, das geschnitten wird, sobald es reif ist.

Das Zuckerrohr wird gekocht, damit der Saft austritt. Das zuckrige Wasser wird weiter gekocht, bis es verdunstet und reiner Zucker zurückbleibt.

Der Zucker wird in Würfel geschnitten.

9. Aufgeschnitten

Der Koch legt die duftende, knusprige Pizza in einen Karton und schneidet sie mit einem speziellen Pizzamesser in gleich große Stücke.

10. Pizza in Fahrt

Ein Fahrer holt die Pizza ab, bekommt deine Adresse und bringt dir die frische Pizza direkt ins Haus.

8. Heiße Pizza

Wenn der Boden schön knusprig gebacken ist, nimmt der Koch die Pizza aus dem Ofen. Aber Vorsicht: Die Pizza ist heiß!

7. In den Ofen!

Die Pizza ist jetzt ofenfertig. Für Pizzas gibt es besondere Öfen, in denen sie richtig durchbacken. Die Bläschen im Teig dehnen sich beim Backen aus, wodurch der Pizzaboden dicker wird.

6. Leckerer Belag

Unsere Pizza wird zuerst mit Tomatenmark bestrichen und dann mit Mozzarella-Käse und Sardellen belegt.

5. Flach und rund

Geübte Köche wirbeln den Teig um nur einen Finger und schon haben sie einen runden Pizzaboden!

Blumen

Besonders am Muttertag sind Blumengrüße sehr beliebt. Doch Gartenblumen blühen nur zu bestimmten Zeiten im Jahr – woher nehmen aber die Floristen ihre Blumen?

1. Gewächshaus-Blumen

Sehr viele Blumen kommen aus den Niederlanden. Hier wachsen sie in riesigen Gewächshäusern, die im Winter geheizt werden.

2. Blumenschnitt

Zwei Tage bevor die Blumen beim Floristen ankommen, werden sie von Hand oder mit Hilfe einer Maschine geschnitten und kommen sogleich auf ein Laufband.

3. Größensortiment

Mit einem sogenannten »elektronischen Auge« wird die Länge der Blumenstängel gemessen. Danach werden die Blumen nach Größe sortiert und zum Markt gebracht.

4. Schönheitsauswahl

Die Blumen werden mit Kaltluft frisch gehalten. Frühmorgens begutachten die Großhändler die Qualität der Blumen, die in Eimern aufgefahren werden.

5. Blumenauktion

Die Versteigerung beginnt und der Auktionator verkauft die Blumen an den meistbietenden Händler.

Guten Appetit!

Es läutet: Deine Pizza ist schon da! Du öffnest den Karton und siehst die Pizza – schön knusprig, frisch und heiß! Jetzt brauchst du nur noch reinbeißen. Lass sie dir schmecken!

Zutaten für den Pizzabelag

Mozzarella ist ein weicher, weißer Käse, der meist kugelförmig hergestellt wird. Er wird in wassergefüllte Plastikbeutel verpackt, damit er länger frisch bleibt.

Der Quark wird der Molke entnommen und in eine Form gegeben. Hier bleibt er so lange, bis er sich in Käse verwandelt hat.

Die Milch wird erhitzt und gerinnt. So entstehen Quark und flüssige Molke.

Mozzarella-Käse
Die Käse-Produktion beginnt mit frischer Kuhmilch.

Tomaten
Die reifen Tomaten werden von den Sträuchern gepflückt.

Die Tomaten werden gekocht und geschält.

Sie werden maschinell zu Mark verarbeitet.

Das Mark wird in Dosen gefüllt.

Sardellen
Die Sardellen werden im Meer mit Hilfe von engmaschigen Netzen gefangen.

In einer Fischfabrik werden die Sardellen aufgeschnitten und entgrätet.

Die Sardellen werden in Dosen gefüllt.

Mit Pflanzenöl werden die Sardellen saftig und frisch gehalten.

Was ist alles drin?

Unsere Pizza schmeckt gut und enthält viele wichtige Nährstoffe.

Sardellen und Käse enthalten Eiweiße, die unser Körper zum Wachsen benötigt.

Der Weizen im Pizzateig enthält Kohlenhydrate, die unserem Körper Energie und Kraft verleihen.

Käse und Olivenöl sind reich an Fetten, die als Energiespeicher dienen.

Tomaten, Käse, Hefe, Weizen und Sardellen enthalten Vitamine, die den Körper fit halten und uns vor Krankheiten schützen.

Woher kommen all die Zutaten für unsere Pizza?

Zum Zubereiten der Pizza benötigt man: Weizen, Hefe, Zucker, Tomaten, Salz, Olivenöl, Mozzarella-Käse und Sardellen. Auf der Karte siehst du, aus welchen Gebieten der Erde diese Produkte stammen. Hefe wird überall in der Welt hergestellt.

ZEICHENERKLÄRUNG

Weizen	Olivenöl
Zucker	Mozzarella-Käse
Tomaten	Sardellen
Salz	

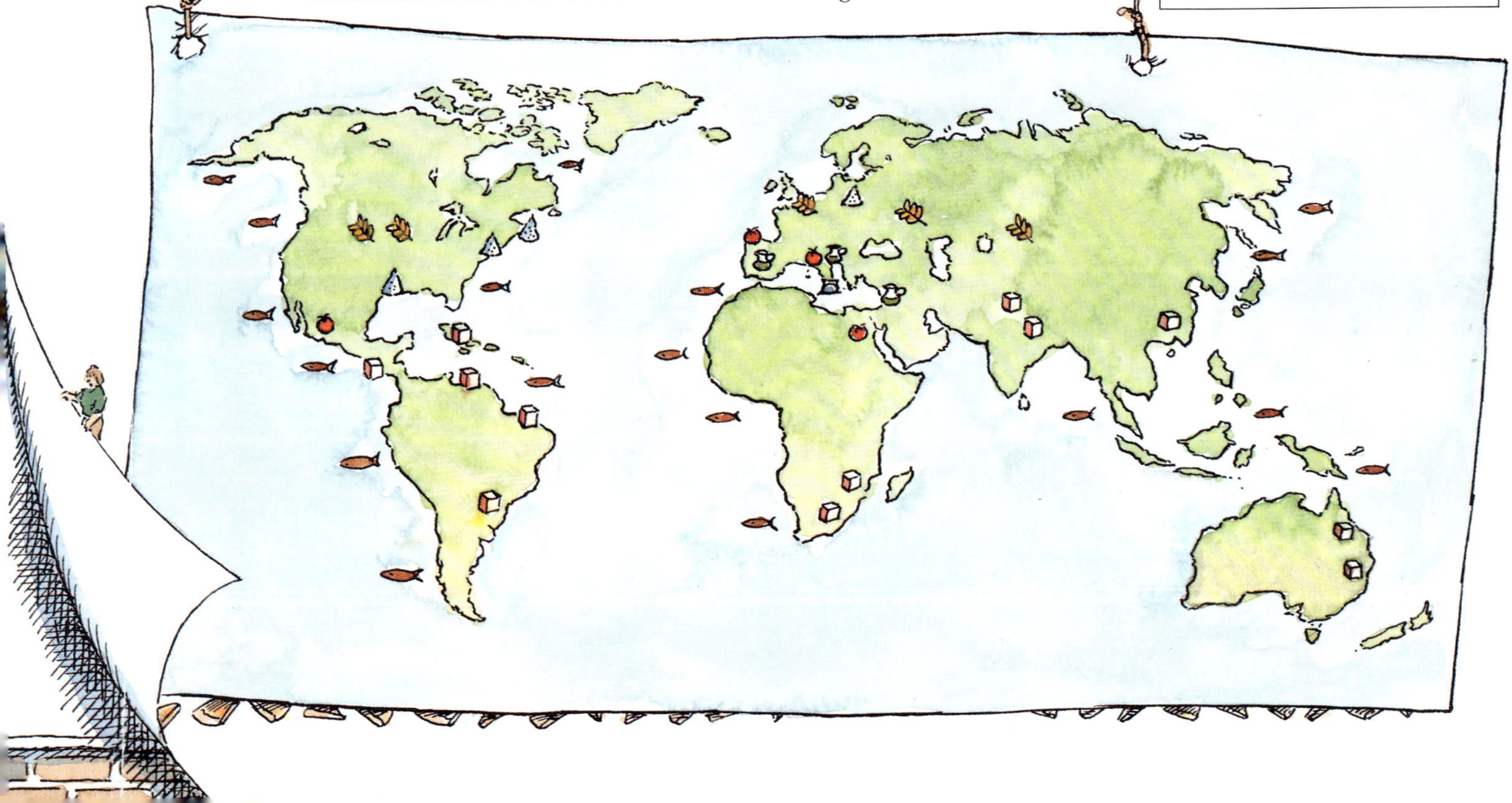

11. Alles Liebe zum Muttertag!

Überraschung zum Muttertag: Ein Blumenstrauß! Noch keine 40 Stunden sind vergangen, seit die Blumen geschnitten wurden – und sie sind noch ganz frisch! Allerdings wurde dafür auch ziemlich viel Energie verbraucht…

10. Blumensträuße

Im Blumenladen geht der Florist die Bestellungen für den Tag durch. Er stellt die einzelnen Sträuße zusammen und lädt sie in den Lieferwagen.

9. Der Florist

Die Blumen werden gekühlt und zu einem weiteren Markt gebracht, wo sie der Florist für sein Geschäft aussucht.

8. Schädlingskontrolle

Das Flugzeug landet spätabends. Bevor die Blumen den Flugplatz verlassen dürfen, werden sie genau nach Schädlingen oder Pflanzenkrankheiten untersucht.

6. Blumendusche

Der Großhändler braust die Blumen ab, damit sie von Schmutz und Insekten befreit werden. Danach werden die Blumen in Kisten verpackt und weiter kühl gehalten.

7. Ab durch die Luft!

Die Blumenkisten werden mit Lastern zum Flughafen gefahren, von wo aus sie ein Flugzeug in ihr Bestimmungsland bringt.

Gasversorgung

Das Gas, das für Öfen und Heizungen verwendet wird, ist nicht irgendein Gas: Es handelt sich um Erdgas, das unter der Erde vorkommt und sehr leicht entzündlich ist. Wie aber gelangt dieses gefährliche Gas sicher in unsere Wohnungen?

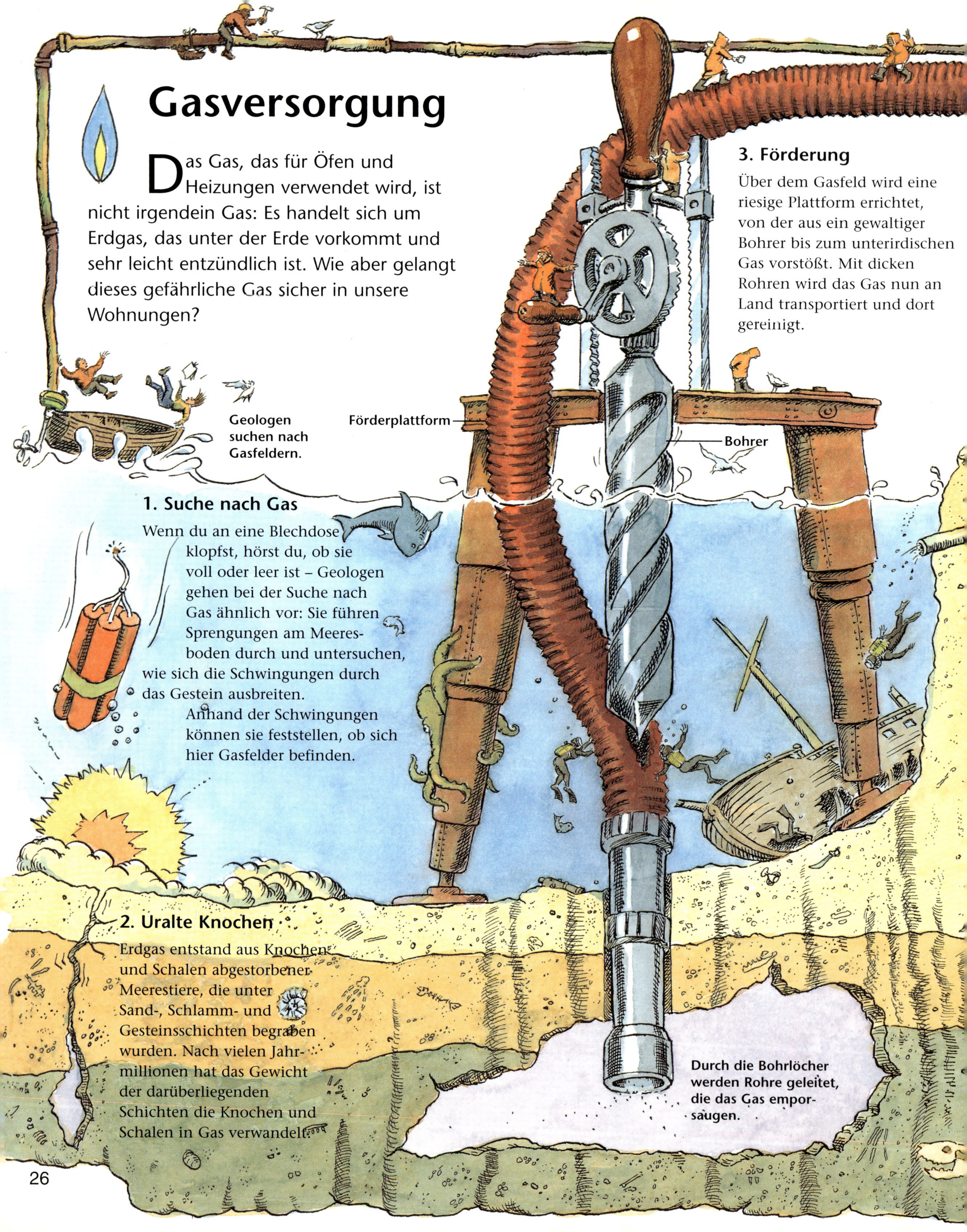

3. Förderung

Über dem Gasfeld wird eine riesige Plattform errichtet, von der aus ein gewaltiger Bohrer bis zum unterirdischen Gas vorstößt. Mit dicken Rohren wird das Gas nun an Land transportiert und dort gereinigt.

1. Suche nach Gas

Wenn du an eine Blechdose klopfst, hörst du, ob sie voll oder leer ist – Geologen gehen bei der Suche nach Gas ähnlich vor: Sie führen Sprengungen am Meeresboden durch und untersuchen, wie sich die Schwingungen durch das Gestein ausbreiten.

Anhand der Schwingungen können sie feststellen, ob sich hier Gasfelder befinden.

2. Uralte Knochen

Erdgas entstand aus Knochen und Schalen abgestorbener Meerestiere, die unter Sand-, Schlamm- und Gesteinsschichten begraben wurden. Nach vielen Jahrmillionen hat das Gewicht der darüberliegenden Schichten die Knochen und Schalen in Gas verwandelt.

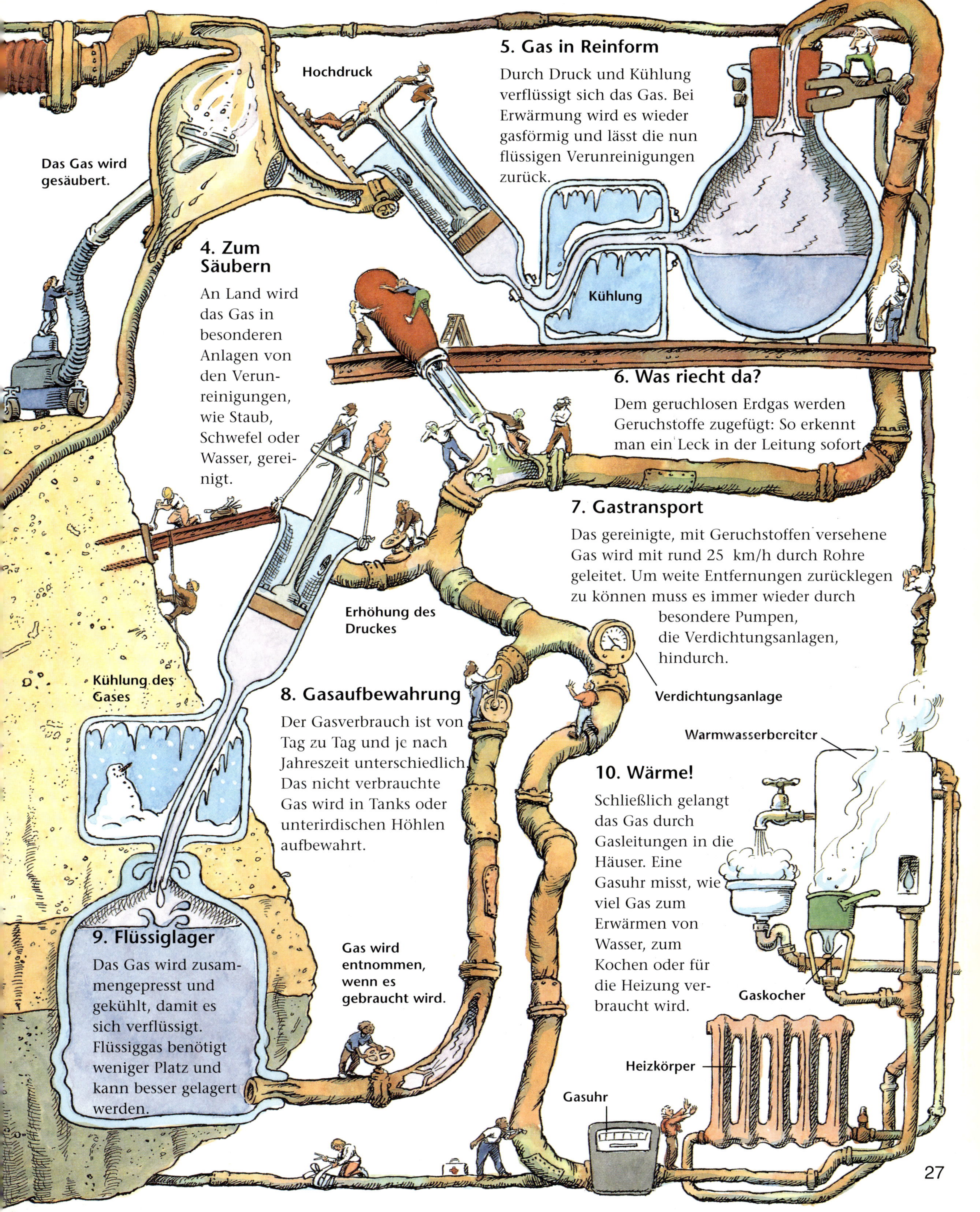

4. Zum Säubern

An Land wird das Gas in besonderen Anlagen von den Verunreinigungen, wie Staub, Schwefel oder Wasser, gereinigt.

5. Gas in Reinform

Durch Druck und Kühlung verflüssigt sich das Gas. Bei Erwärmung wird es wieder gasförmig und lässt die nun flüssigen Verunreinigungen zurück.

6. Was riecht da?

Dem geruchlosen Erdgas werden Geruchstoffe zugefügt: So erkennt man ein Leck in der Leitung sofort.

7. Gastransport

Das gereinigte, mit Geruchstoffen versehene Gas wird mit rund 25 km/h durch Rohre geleitet. Um weite Entfernungen zurücklegen zu können muss es immer wieder durch besondere Pumpen, die Verdichtungsanlagen, hindurch.

8. Gasaufbewahrung

Der Gasverbrauch ist von Tag zu Tag und je nach Jahreszeit unterschiedlich. Das nicht verbrauchte Gas wird in Tanks oder unterirdischen Höhlen aufbewahrt.

9. Flüssiglager

Das Gas wird zusammengepresst und gekühlt, damit es sich verflüssigt. Flüssiggas benötigt weniger Platz und kann besser gelagert werden.

10. Wärme!

Schließlich gelangt das Gas durch Gasleitungen in die Häuser. Eine Gasuhr misst, wie viel Gas zum Erwärmen von Wasser, zum Kochen oder für die Heizung verbraucht wird.

Abfall

Was passiert mit dem Abfall, nachdem du den Mülleimer ausgeleert hast? Manches kann wieder verwendet oder **recycelt** werden; vieles wird jedoch verbrannt oder vergraben.

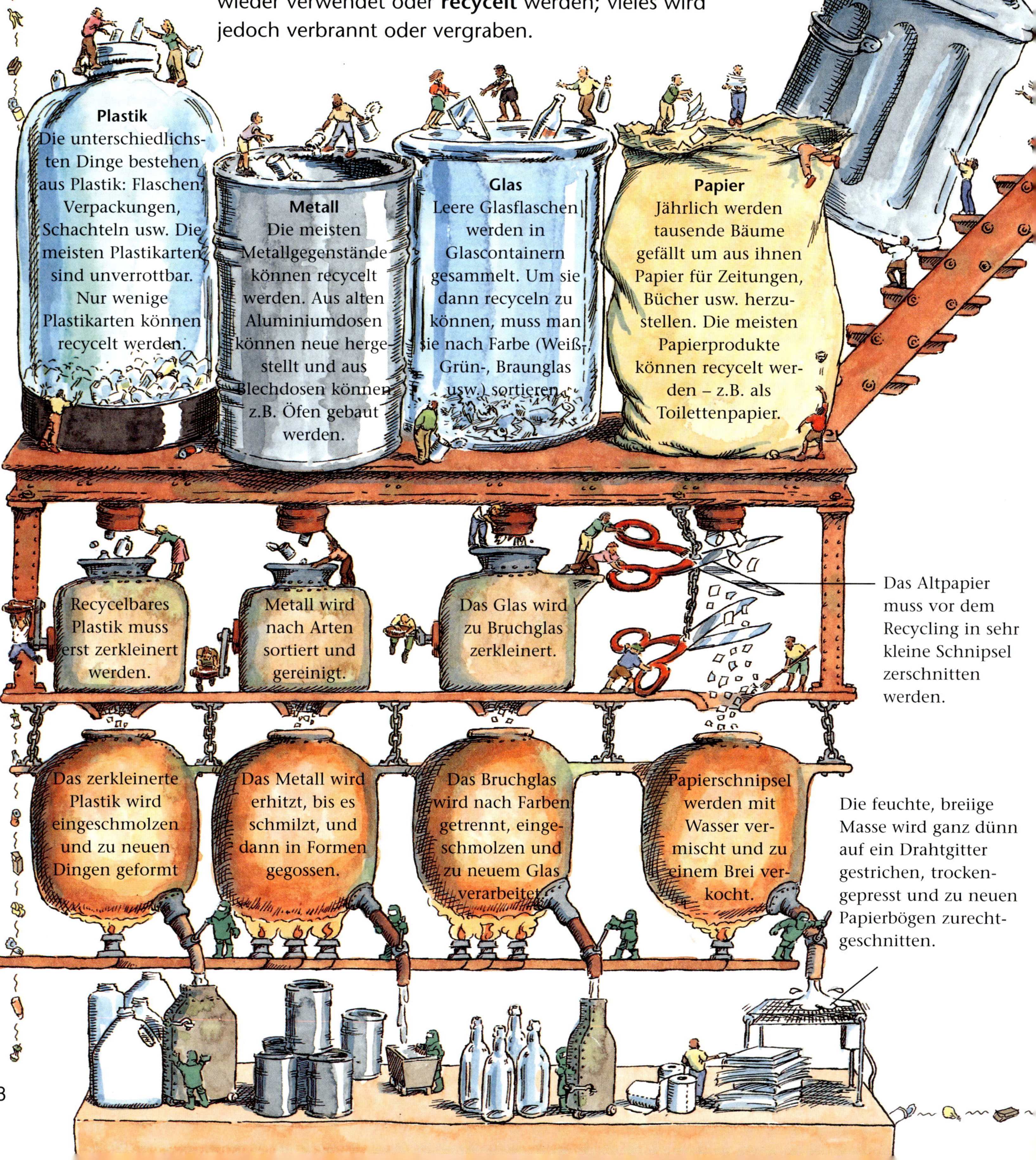

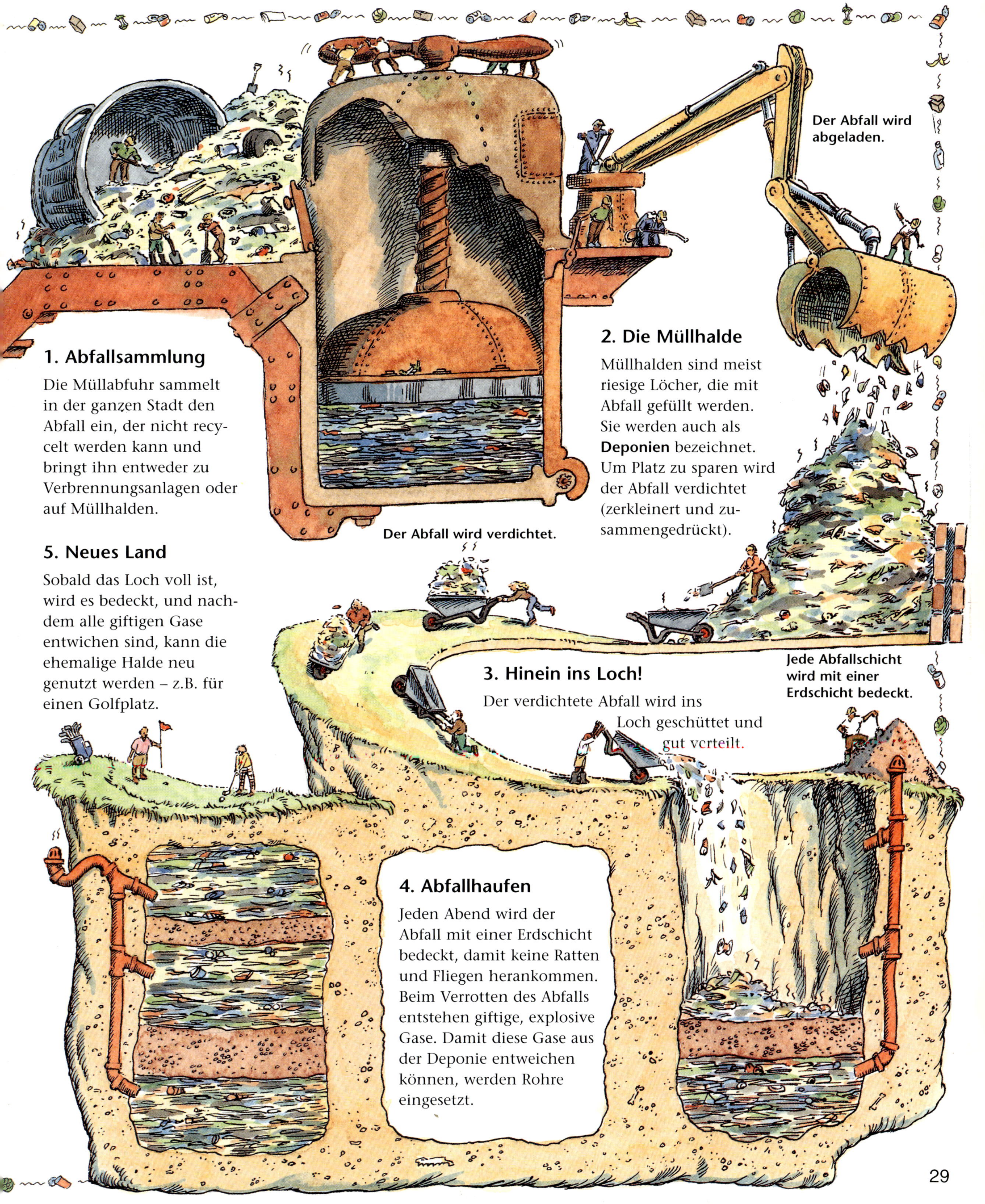

1. Abfallsammlung

Die Müllabfuhr sammelt in der ganzen Stadt den Abfall ein, der nicht recycelt werden kann und bringt ihn entweder zu Verbrennungsanlagen oder auf Müllhalden.

2. Die Müllhalde

Müllhalden sind meist riesige Löcher, die mit Abfall gefüllt werden. Sie werden auch als **Deponien** bezeichnet. Um Platz zu sparen wird der Abfall verdichtet (zerkleinert und zusammengedrückt).

3. Hinein ins Loch!

Der verdichtete Abfall wird ins Loch geschüttet und gut verteilt.

4. Abfallhaufen

Jeden Abend wird der Abfall mit einer Erdschicht bedeckt, damit keine Ratten und Fliegen herankommen. Beim Verrotten des Abfalls entstehen giftige, explosive Gase. Damit diese Gase aus der Deponie entweichen können, werden Rohre eingesetzt.

5. Neues Land

Sobald das Loch voll ist, wird es bedeckt, und nachdem alle giftigen Gase entwichen sind, kann die ehemalige Halde neu genutzt werden – z.B. für einen Golfplatz.

Telefon

Mit einem Telefon kannst du über große Entfernungen mit anderen reden. Was geschieht genau, wenn man auf der anderen Seite der Erde anruft?

1. Die richtige Nummer

Telefone sind meistens an eine Leitung angeschlossen, da sie mittels **Elektrizität** funktionieren. In dem Moment, in dem du den Hörer abhebst, schaltest du einen **Stromkreis** ein. Wenn du die Tasten drückst, wird eine Folge von elektrischen Impulsen durch die Leitung weitergegeben. Jede Telefonnummer besteht aus einer bestimmten Abfolge von Impulsen, die weltweit nur jeweils einmal vorkommt.

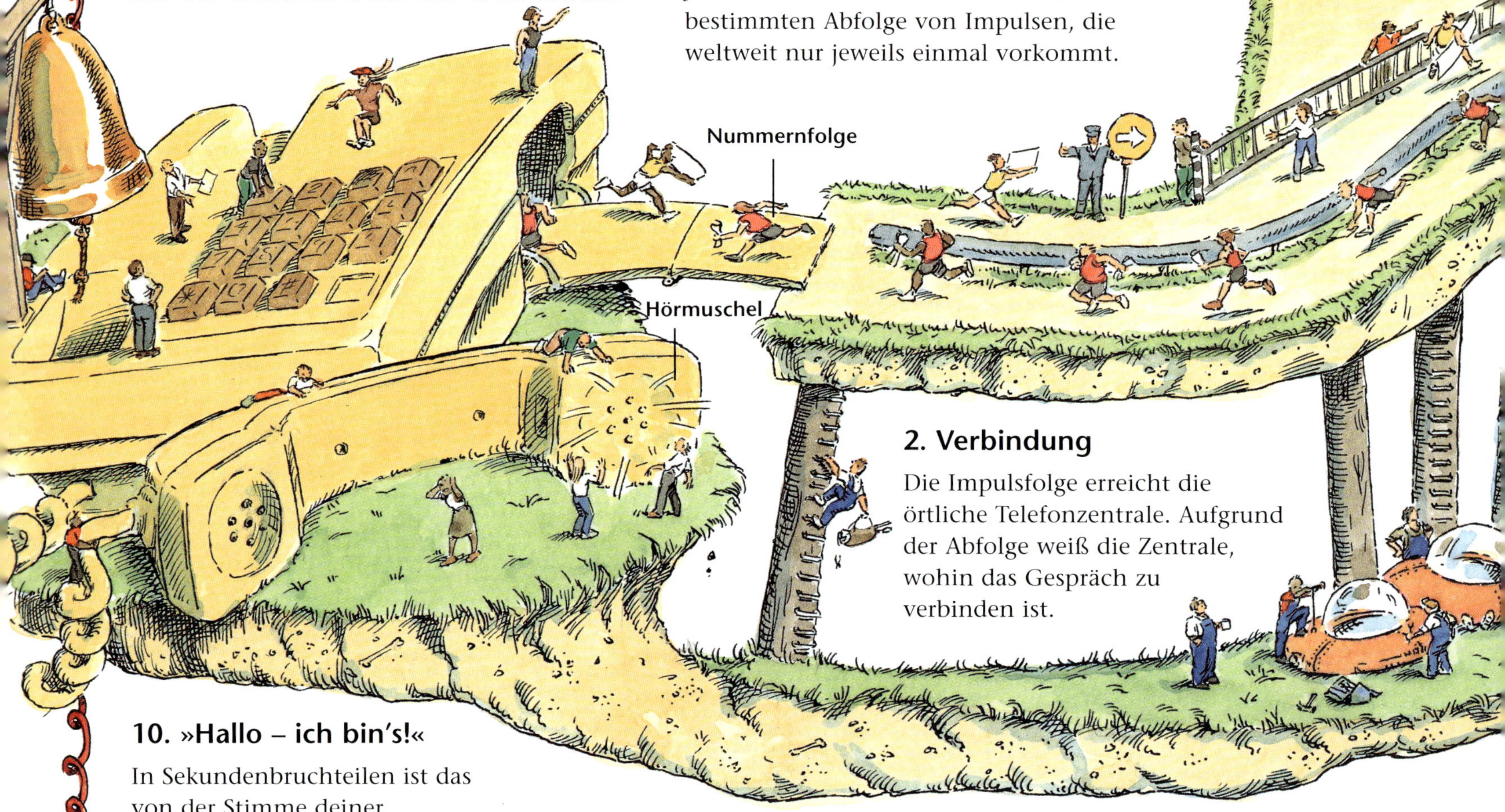

2. Verbindung

Die Impulsfolge erreicht die örtliche Telefonzentrale. Aufgrund der Abfolge weiß die Zentrale, wohin das Gespräch zu verbinden ist.

10. »Hallo – ich bin's!«

In Sekundenbruchteilen ist das von der Stimme deiner Freundin ausgehende Signal über Telefonkabel, viele tausend Kilometer ins All und zurück und über ein weiteres Kabel in deine Hörmuschel gelangt, wo es eine Plastikscheibe in Bewegung setzt – und du ihre Stimme hören kannst!

9. »Hallo, wer ist dort?«

Wenn sich deine Freundin meldet, nimmt ein **Mikrofon** in der Sprechmuschel ihre Stimme auf. Diese bringt eine Plastikscheibe im Mikrofon zum Schwingen. Die Schwingungen wiederum senden ein Signal aus elektrischen Impulsen durch die Leitung.

8. Ein Kreislauf

Wenn deine Freundin den Hörer abnimmt, ist der elektrische Kreislauf zwischen beiden Telefonen geschlossen und ihr könnt euch unterhalten.

7. Rrring!

Wenige Sekunden, nachdem du die Nummer gewählt hast, klingelt es schon.

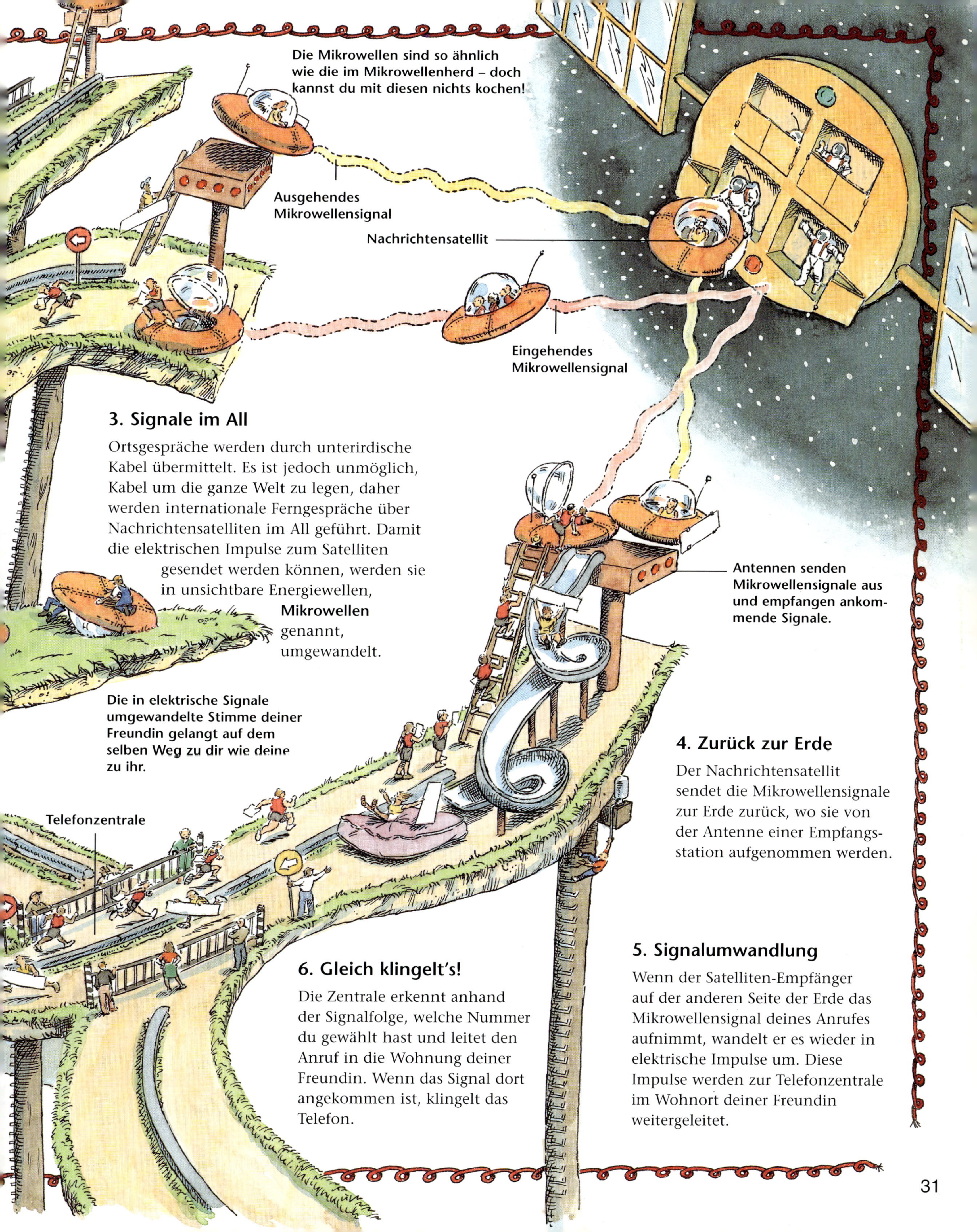

3. Signale im All

Ortsgespräche werden durch unterirdische Kabel übermittelt. Es ist jedoch unmöglich, Kabel um die ganze Welt zu legen, daher werden internationale Ferngespräche über Nachrichtensatelliten im All geführt. Damit die elektrischen Impulse zum Satelliten gesendet werden können, werden sie in unsichtbare Energiewellen, **Mikrowellen** genannt, umgewandelt.

4. Zurück zur Erde

Der Nachrichtensatellit sendet die Mikrowellensignale zur Erde zurück, wo sie von der Antenne einer Empfangsstation aufgenommen werden.

5. Signalumwandlung

Wenn der Satelliten-Empfänger auf der anderen Seite der Erde das Mikrowellensignal deines Anrufes aufnimmt, wandelt er es wieder in elektrische Impulse um. Diese Impulse werden zur Telefonzentrale im Wohnort deiner Freundin weitergeleitet.

6. Gleich klingelt's!

Die Zentrale erkennt anhand der Signalfolge, welche Nummer du gewählt hast und leitet den Anruf in die Wohnung deiner Freundin. Wenn das Signal dort angekommen ist, klingelt das Telefon.

Abwasser

Du ziehst den Stöpsel der Wanne oder drückst die Toilettenspülung und schwups! – verschwindet das Schmutzwasser im Rohr. Doch wo fließt das alles hin und warum riecht man es nicht mehr?

6. Das Klärbecken

Drehsprenger verteilen das Wasser im **Klärbecken**, das mit schleimüberzogenen Steinen ausgelegt ist.

7. Hilfreiche Bakterien

Im Schleim auf den Steinen sind **Bakterien**, die alle schädlichen Stoffe im Wasser zersetzen, wenn es durch die Steine sickert.

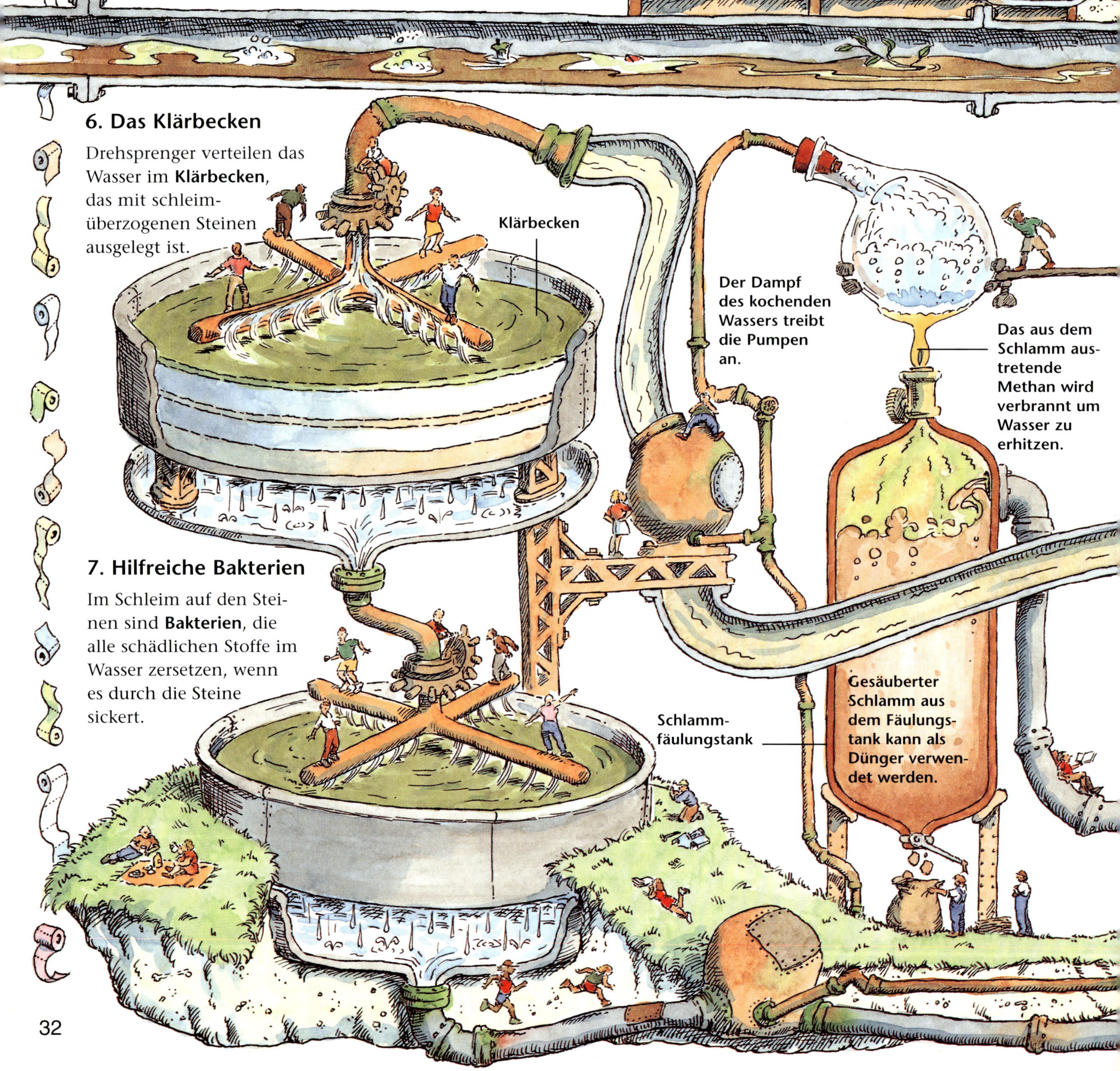

1. Durch den Abfluss

Das Schmutzwasser fließt durch die Abflussrohre im Haus in einen tunnelartigen Abwasserkanal. Manche Abwasserkanäle sind so breit, dass das Abwasser einen richtigen unterirdischen Fluss bildet.

2. Gesammeltes Schmutzwasser

Der Abwasserkanal nimmt das Schmutzwasser aller Wohnungen, Büros und Fabriken auf und leitet es in eine Abwasseraufbereitungsanlage.

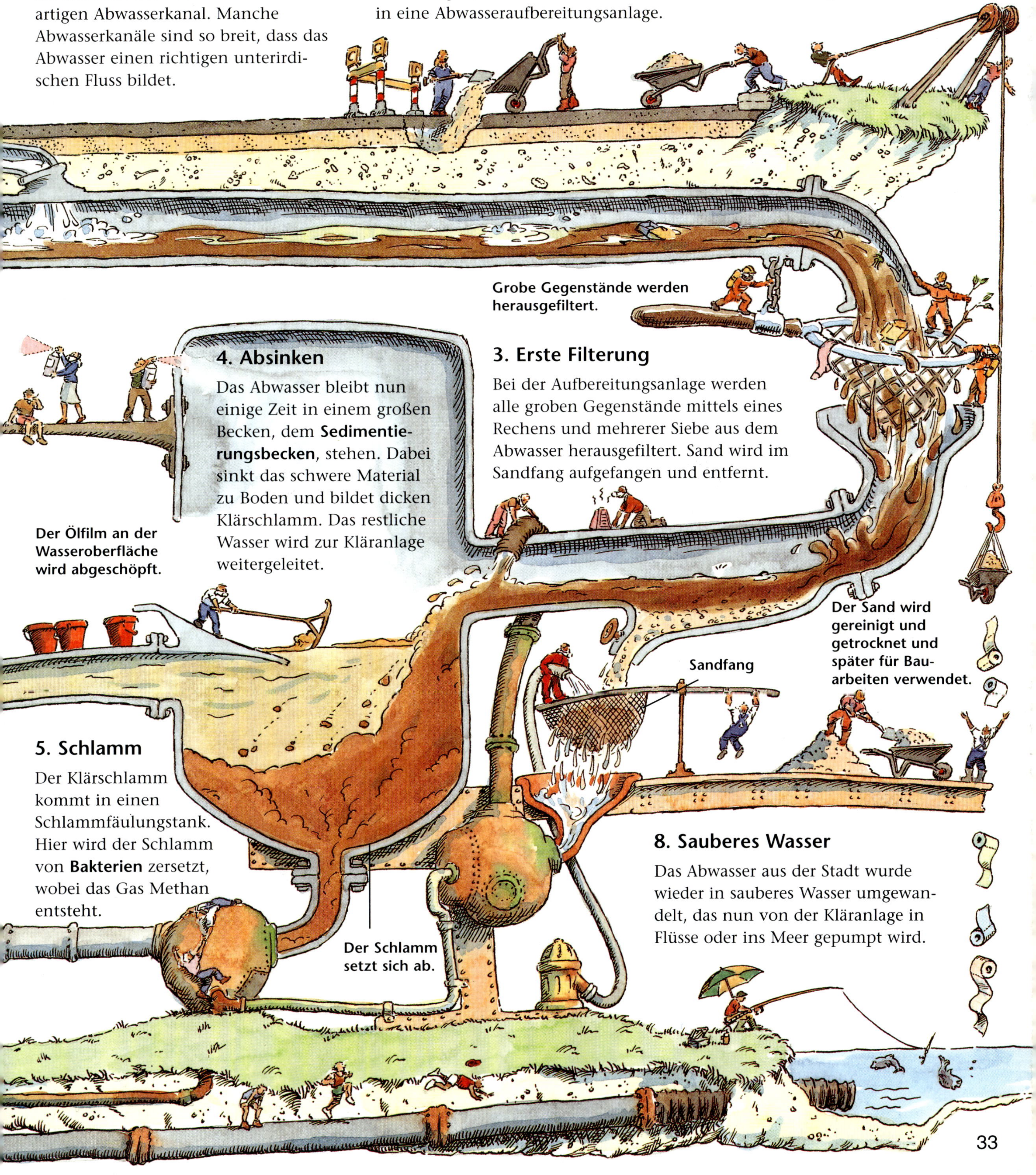

3. Erste Filterung

Bei der Aufbereitungsanlage werden alle groben Gegenstände mittels eines Rechens und mehrerer Siebe aus dem Abwasser herausgefiltert. Sand wird im Sandfang aufgefangen und entfernt.

4. Absinken

Das Abwasser bleibt nun einige Zeit in einem großen Becken, dem **Sedimentierungsbecken**, stehen. Dabei sinkt das schwere Material zu Boden und bildet dicken Klärschlamm. Das restliche Wasser wird zur Kläranlage weitergeleitet.

5. Schlamm

Der Klärschlamm kommt in einen Schlammfäulungstank. Hier wird der Schlamm von **Bakterien** zersetzt, wobei das Gas Methan entsteht.

8. Sauberes Wasser

Das Abwasser aus der Stadt wurde wieder in sauberes Wasser umgewandelt, das nun von der Kläranlage in Flüsse oder ins Meer gepumpt wird.

1. Groß, mittelgroß oder klein?

Die Briefe werden vom Briefkasten aus zu einer Verteilerstelle gebracht. Hier gelangen sie zunächst auf ein Förderband, das sie zur Sortiermaschine befördert. Diese Sortiermaschine teilt die Post in große, mittelgroße und kleine Briefe ein. Eine andere Maschine überprüft, ob Briefmarken aufgeklebt sind. Danach stempelt sie diese ab, damit sie nicht noch einmal verwendet werden können. Am Stempel kann man auch erkennen, an welchem Tag, zu welcher Uhrzeit und an welchem Ort der Brief abgeschickt wurde.

11. Letzte Zwischenstation

Nachdem der Brief viele tausend Kilometer zurückgelegt hat, kommt er schließlich im Postamt des Bestimmungsortes an. Hier werden alle Briefe nochmals sortiert – diesmal nach Zustellbezirken, Straßen und Hausnummern. Jetzt kann sie der Postbote abholen.

10. Im Land geht's weiter

Liegt der Bestimmungsort in der Nähe, wird die Post mit einem Lkw oder Lieferwagen dorthin gebracht; auf größeren Strecken wird sie auch mit Zügen befördert. In sehr großen Ländern wie den USA oder Australien wird die Post nochmals geflogen, falls die Stadt in weit entfernten Landesteilen liegt.

Ab die Post…

Die Reise des Briefes beginnt, wenn du ihn in den Briefkasten steckst. Achte noch mal darauf, ob die richtige Adresse draufsteht und dass eine Briefmarke aufgeklebt ist!
Nun beginnt die Arbeit der Post. Da die Briefkästen nur zu bestimmten Tageszeiten geleert werden, kann es sein, dass dein Brief noch einige Zeit im dunklen Briefkasten liegen bleiben muss.

Der Briefkasten wird geleert.

Wenn alles gut geht, braucht der Brief für seine Reise um die halbe Erde bis nach Australien nur zwei Tage.

12. Der Brief kommt an

Es gibt Post für Familien, für Geschäfte, Büros, Krankenhäuser und viele weitere Empfänger. Jeder Postbote erhält die Briefe für seinen Zustellbezirk. Manche Postboten bringen die Post mit dem Auto, manche mit dem Fahrrad und wieder andere gehen zu Fuß von Haus zu Haus. Und nur wenige Stunden, nachdem der Brief am örtlichen Postamt eingegangen ist, liegt er im Briefkasten des Empfängers.

Beim Empfänger

Jeder ist gespannt, was der Briefträger bringt!

Post

Täglich werden Millionen Briefe verschickt. Manche Briefe legen einen kurzen Weg innerhalb einer Stadt zurück; andere wandern um die ganze Welt. Du kannst einen Brief aus Deutschland nach Sydney/Australien schicken und er kommt bei der richtigen Adresse an. Auf diesen Seiten siehst du, wie die Post das macht.

Richtige Adresse

Ohne richtige Adresse und Postleitzahl, die deutlich auf den Umschlag geschrieben werden muss, kommen Briefe nicht oder sehr verspätet an. Mit Hilfe der Postleitzahlen können Briefe schneller sortiert werden.

Auch wenn du keine Verwandten oder Freunde im Ausland hast gibt es Möglichkeiten, ausländische Brieffreunde zu finden.

Wie gelangt dieser Brief aus Amerika um

Wenn du einem Freund oder einer Freundin schreibst, beginnst du den Brief z.B. mit »Liebe(r)... (Vorname)« und schließt ihn mit »Viele Grüße von... (dein Vorname)«.

Einen offiziellen Brief schließt du z.B. so: »Mit freundlichen Grüßen...« und deinem Vor- und Nachnamen.

Natürlich kannst du deine Freunde auch anrufen – aber ist es nicht schön, einen Brief aufzuheben und ihn immer wieder zu lesen? Außerdem sind Briefe billiger als Telefongespräche!

Schreibe in den Briefkopf deine Adresse, damit die Person, der du schreibst, auch weiß, wohin sie die Antwort schicken soll. Vergiss auch nicht das Datum!

Schau in den Briefkasten!

Es ist immer aufregend, wenn ein Brief kommt – besonders wenn er einen so langen Weg hinter sich hat wie dieser, der nun in Sydney geöffnet wird.

Manche Leute heben ihre Briefe viele Jahre lang auf. Auch du könntest den Brief eines Freundes im 21. Jh. mit deinen Enkelkindern lesen!

Porto

Dein Brief wird ohne Briefmarkenstempel nicht weitergeleitet. Briefe ins Ausland sind oft teurer als im Inland – achte daher darauf, wie hoch das Porto für Briefe in das betreffende Land ist!

Jeder Brief wird gestempelt. Der Stempel zeigt an, wann und wo der Brief aufgegeben wurde.

die halbe Erde bis nach Australien?

Jedes Land hat eigene Briefmarken. Ein Blick auf die Marke genügt und du weißt, woher der Brief kommt.

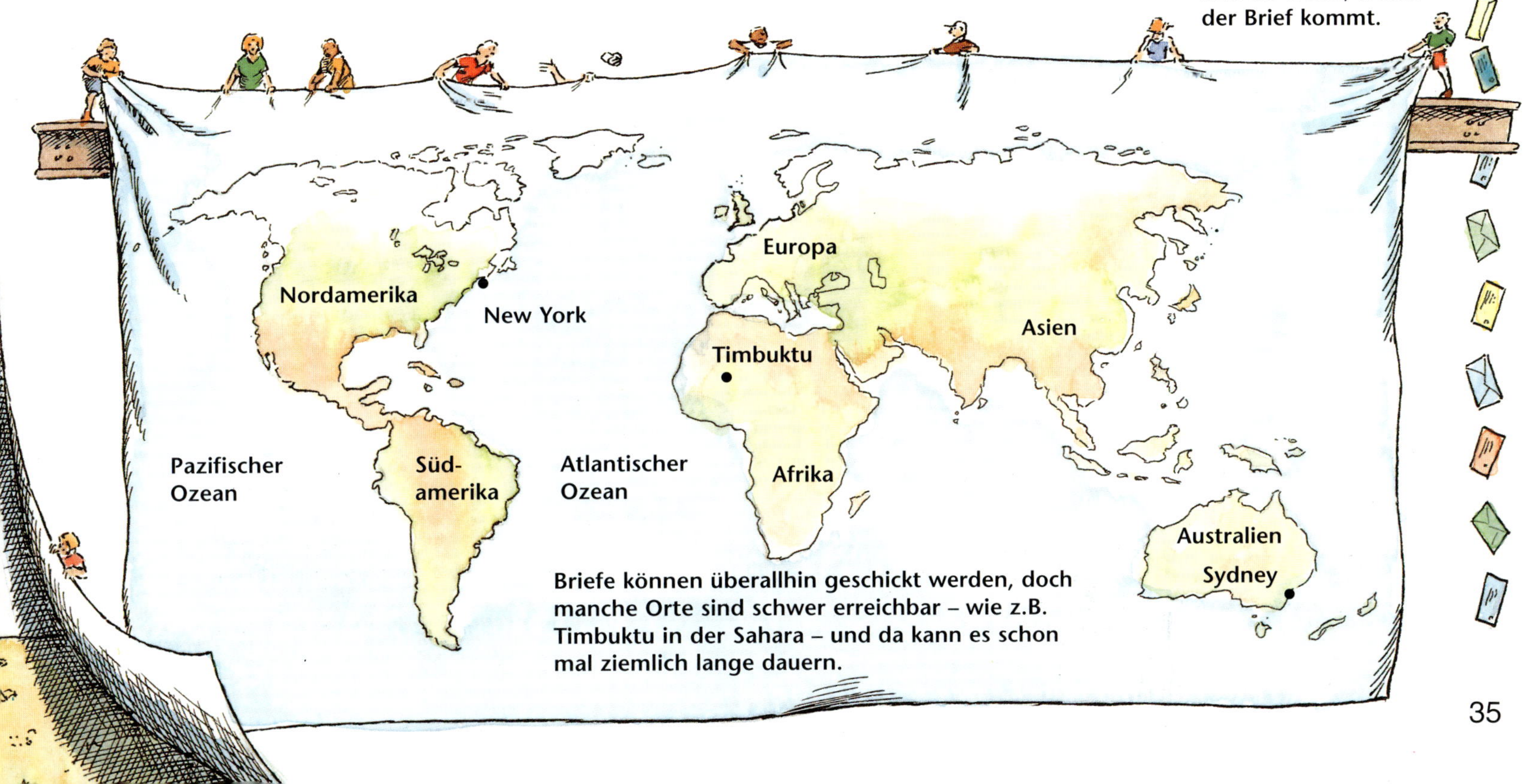

Briefe können überallhin geschickt werden, doch manche Orte sind schwer erreichbar – wie z.B. Timbuktu in der Sahara – und da kann es schon mal ziemlich lange dauern.

2. Wohin soll's gehen?

Ein optisches Gerät, **Klarschriftleser** genannt, tastet die Schrift auf dem Umschlag ab um festzustellen, wohin der Brief zu schicken ist. Das Gerät liest die Buchstaben und Ziffern ein und leitet die Informationen an ein weiteres Gerät, den Strichcode-Drucker, weiter.

3. Verschlüsselung

Der Strichcode-Drucker druckt auf jeden Umschlag einen **Strichcode** – verschieden starke Striche, die die Adresse verschlüsseln. Diese Verschlüsselung können nur spezielle Lesegeräte erkennen.

9. Wohin jetzt?

Im Verteilerzentrum kommt die Post für alle australischen Städte zusammen. Auch hier werden die Strichcodes wieder von einem Lesegerät entschlüsselt, das die Bestimmungsorte erkennt und die Briefe auf die Sammelkörbe für die jeweiligen Städte verteilt.

8. In Australien

Die Post wird aus dem Flugzeug geladen und in ein Verteilerzentrum gebracht. Von nun an ist der australische Postdienst für die Briefe zuständig.

4. Sortieren der Briefe

In der Verteilerstelle gibt es für jede Stadt und jedes Land einen eigenen Korb. Mit einem Lesegerät wird der Strichcode entschlüsselt und dein Brief kommt in den Korb für Australien.

5. Luftpost

Einige Stunden später befindet sich dein Brief schon auf dem Weg nach Australien. Alle Körbe mit der Post für Australien werden zum Flughafen gebracht und dort in ein Flugzeug geladen. Einige große Frachtstücke werden verschifft, doch Briefe werden meist per Luftpost verschickt, da Flugzeuge viel schneller sind als Schiffe.

Mit der Luftpost werden Briefe in weit entfernte Länder transportiert.

Die Briefe werden nach Städten und Ländern sortiert.

Abflug!

Das Flugzeug braucht über 12 Stunden nach Australien.

7. Ankunft im Hochsommer

In Deutschland herrscht tiefster Winter, wenn der Brief aufgegeben wird, in Australien ist jedoch Hochsommer! Australien liegt nämlich auf der Südhalbkugel, wo die Jahreszeiten im Vergleich zur Nordhalbkugel um sechs Monate verschoben sind.

6. Von Kontinent zu Kontinent

Während Briefe vor hundert oder zweihundert Jahren schon innerhalb Europas wochenlang unterwegs waren und von einem Kontinent zum anderen monatelange Seereisen hinter sich bringen mussten, sind sie heute mit dem Flugzeug nur einige Stunden unterwegs!

Die Post wird abgeladen

Fernsehen

Wie kannst du den Mars besuchen, Fußball schauen und wilde Tiere beobachten ohne das Zimmer zu verlassen? Natürlich mit dem Fernsehen! Aber wie funktioniert das alles?

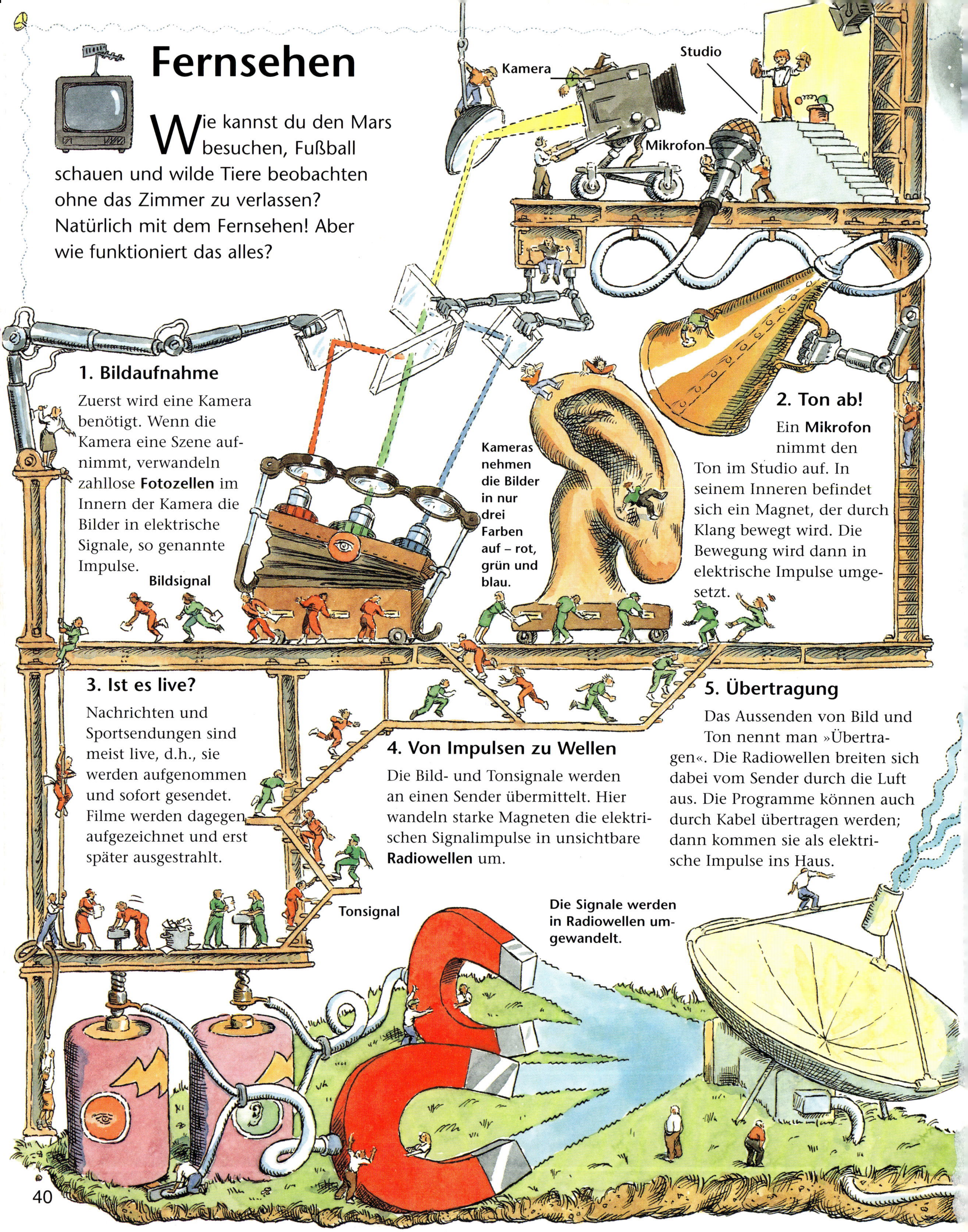

1. Bildaufnahme

Zuerst wird eine Kamera benötigt. Wenn die Kamera eine Szene aufnimmt, verwandeln zahllose **Fotozellen** im Innern der Kamera die Bilder in elektrische Signale, so genannte Impulse.

2. Ton ab!

Ein **Mikrofon** nimmt den Ton im Studio auf. In seinem Inneren befindet sich ein Magnet, der durch Klang bewegt wird. Die Bewegung wird dann in elektrische Impulse umgesetzt.

3. Ist es live?

Nachrichten und Sportsendungen sind meist live, d.h., sie werden aufgenommen und sofort gesendet. Filme werden dagegen aufgezeichnet und erst später ausgestrahlt.

4. Von Impulsen zu Wellen

Die Bild- und Tonsignale werden an einen Sender übermittelt. Hier wandeln starke Magneten die elektrischen Signalimpulse in unsichtbare **Radiowellen** um.

5. Übertragung

Das Aussenden von Bild und Ton nennt man »Übertragen«. Die Radiowellen breiten sich dabei vom Sender durch die Luft aus. Die Programme können auch durch Kabel übertragen werden; dann kommen sie als elektrische Impulse ins Haus.

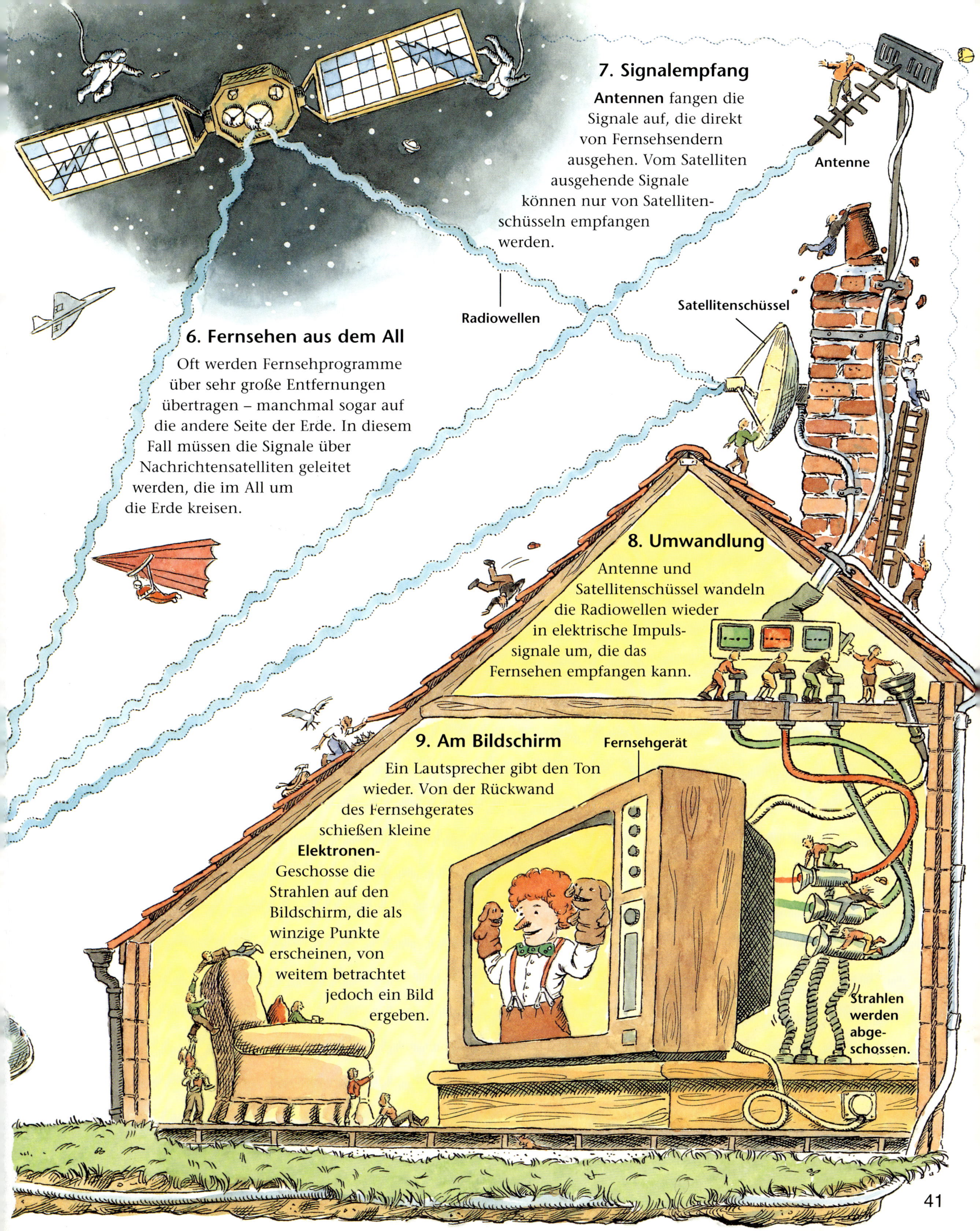

7. Signalempfang

Antennen fangen die Signale auf, die direkt von Fernsehsendern ausgehen. Vom Satelliten ausgehende Signale können nur von Satellitenschüsseln empfangen werden.

6. Fernsehen aus dem All

Oft werden Fernsehprogramme über sehr große Entfernungen übertragen – manchmal sogar auf die andere Seite der Erde. In diesem Fall müssen die Signale über Nachrichtensatelliten geleitet werden, die im All um die Erde kreisen.

8. Umwandlung

Antenne und Satellitenschüssel wandeln die Radiowellen wieder in elektrische Impulssignale um, die das Fernsehen empfangen kann.

9. Am Bildschirm

Ein Lautsprecher gibt den Ton wieder. Von der Rückwand des Fernsehgerates schießen kleine **Elektronen**-Geschosse die Strahlen auf den Bildschirm, die als winzige Punkte erscheinen, von weitem betrachtet jedoch ein Bild ergeben.

Internet

So wie wir am Telefon miteinander sprechen, können im Internet Computer miteinander in Verbindung treten. Das Internet ist ein weltweites Netz aus Computern, die über das Telefonnetz miteinander verbunden sind. Dabei hat jeder Computer seine eigene Internet-»Adresse«. Doch wie funktioniert die Kontaktaufnahme im Internet?

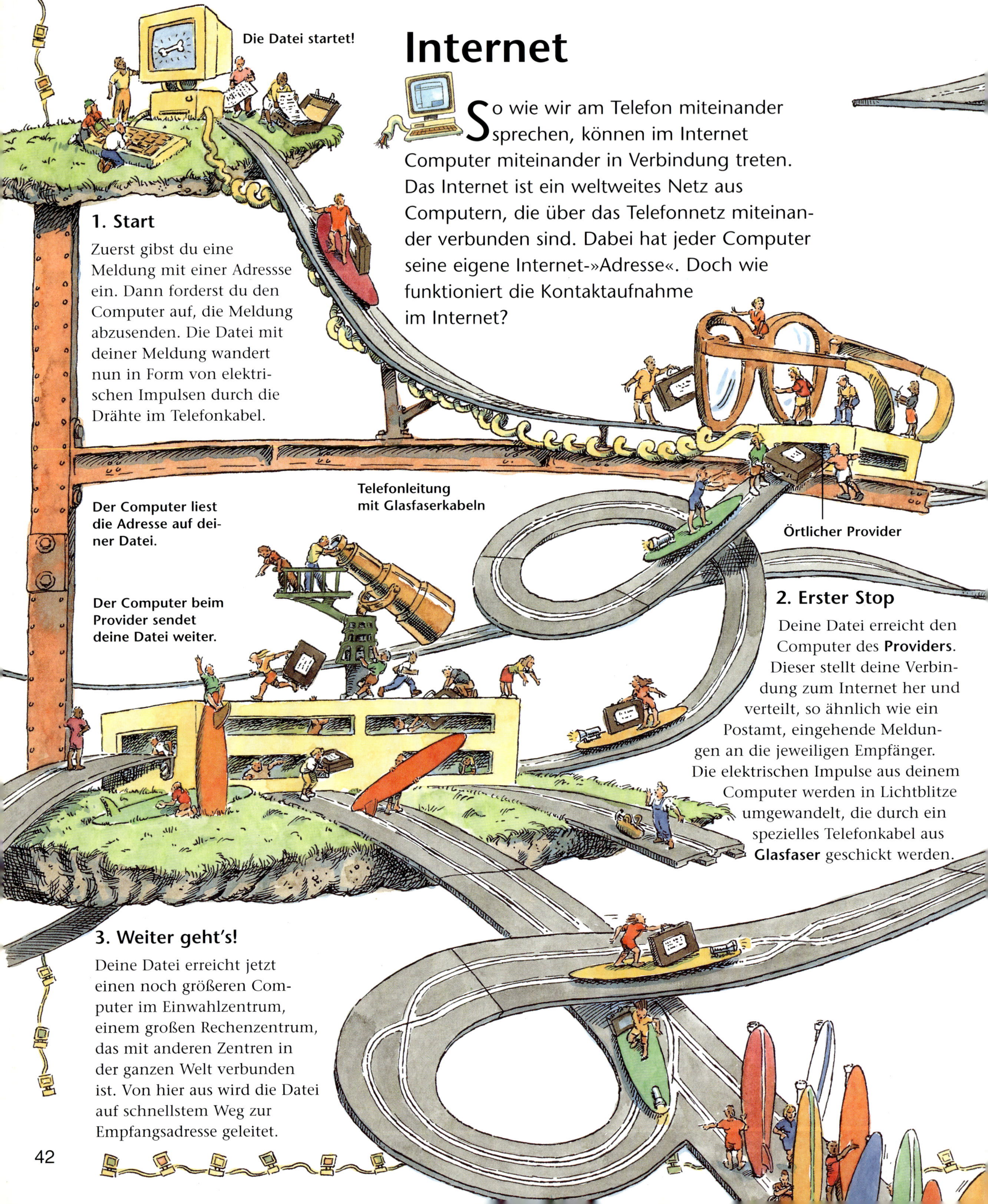

1. Start

Zuerst gibst du eine Meldung mit einer Adressse ein. Dann forderst du den Computer auf, die Meldung abzusenden. Die Datei mit deiner Meldung wandert nun in Form von elektrischen Impulsen durch die Drähte im Telefonkabel.

2. Erster Stop

Deine Datei erreicht den Computer des **Providers**. Dieser stellt deine Verbindung zum Internet her und verteilt, so ähnlich wie ein Postamt, eingehende Meldungen an die jeweiligen Empfänger. Die elektrischen Impulse aus deinem Computer werden in Lichtblitze umgewandelt, die durch ein spezielles Telefonkabel aus **Glasfaser** geschickt werden.

3. Weiter geht's!

Deine Datei erreicht jetzt einen noch größeren Computer im Einwahlzentrum, einem großen Rechenzentrum, das mit anderen Zentren in der ganzen Welt verbunden ist. Von hier aus wird die Datei auf schnellstem Weg zur Empfangsadresse geleitet.

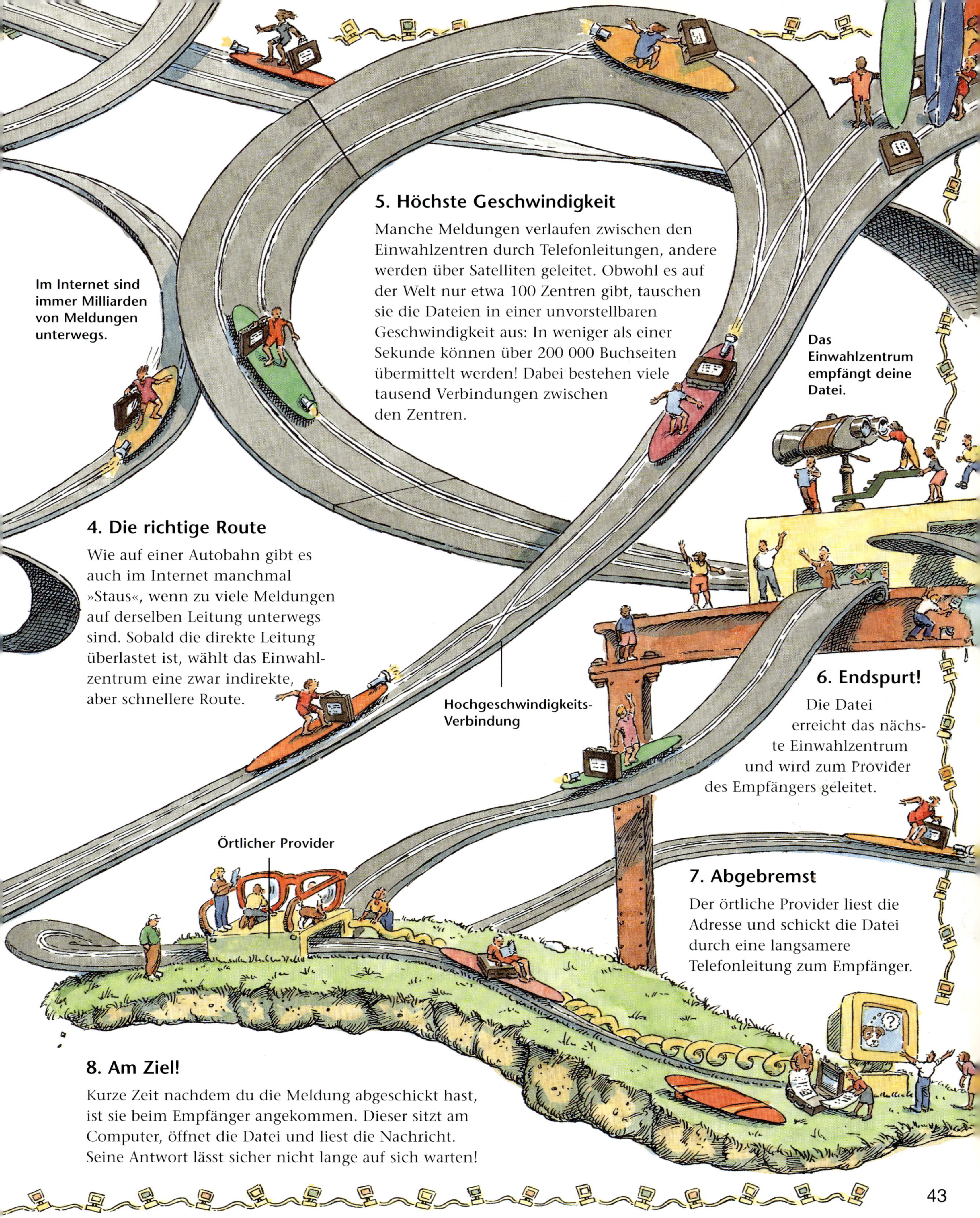

4. Die richtige Route

Wie auf einer Autobahn gibt es auch im Internet manchmal »Staus«, wenn zu viele Meldungen auf derselben Leitung unterwegs sind. Sobald die direkte Leitung überlastet ist, wählt das Einwahlzentrum eine zwar indirekte, aber schnellere Route.

5. Höchste Geschwindigkeit

Manche Meldungen verlaufen zwischen den Einwahlzentren durch Telefonleitungen, andere werden über Satelliten geleitet. Obwohl es auf der Welt nur etwa 100 Zentren gibt, tauschen sie die Dateien in einer unvorstellbaren Geschwindigkeit aus: In weniger als einer Sekunde können über 200 000 Buchseiten übermittelt werden! Dabei bestehen viele tausend Verbindungen zwischen den Zentren.

6. Endspurt!

Die Datei erreicht das nächste Einwahlzentrum und wird zum Provider des Empfängers geleitet.

7. Abgebremst

Der örtliche Provider liest die Adresse und schickt die Datei durch eine langsamere Telefonleitung zum Empfänger.

8. Am Ziel!

Kurze Zeit nachdem du die Meldung abgeschickt hast, ist sie beim Empfänger angekommen. Dieser sitzt am Computer, öffnet die Datei und liest die Nachricht. Seine Antwort lässt sicher nicht lange auf sich warten!

Worterklärungen

Antenne: Ein besonders geformtes Metallstück zum Auffangen unsichtbarer Fernseh- und Radiosignale aus der Luft.

Bakterien: Winzige, lebende Zellen. Sie sind in vielerlei Hinsicht sehr nützlich: zum Reinigen des Abwassers oder zur Herstellung von Käse. Als Krankheitserreger greifen sie jedoch unsere Gesundheit an.

Deponie: Ein großes Erdloch, in dem Müll abgelagert und vergraben wird.

Elektrischer Strom: Der Elektrizitätsfluss durch einen Draht.

Elektrizität: Energie in Form von Elektronen, die durch Leitungen weitergegeben wird.

Elektronen: Winzigste Energiebällchen. Elektronen sind Teile von Atomen, den mikroskopisch kleinen Bausteinen, aus denen alles im Universum besteht.

Fotozelle: Ein Gerät, das die in eine Fernsehkamera einfallenden Lichtstrahlen in elektrische Impulse umsetzt.

Gären: Der Vorgang, bei dem Hefepilze Zucker in Alkohol und Kohlendioxid verwandeln.

Generator: Eine Maschine zur Stromerzeugung, bestehend aus einer Kupferdrahtspule, die zwischen den Polen zweier Magnete rotiert.

Glasfasern: Unvorstellbar dünne Glasfäden.

Hydrant: Ein hoch stehendes Rohr am Straßenrand, dem Feuerwehrleute in Brandfällen Wasser mit starkem Druck entnehmen können.

Klärbecken: Ein Behälter mit Schichten aus Sand und Kieselsteinen, die mit Bakterien überzogen sind. Wenn Wasser durch diese Schichten sickert, wird es von den Bakterien gesäubert.

Klarschriftleser: Ein Gerät, das Schriftzeichen erkennen kann und diese in Computersignale umwandelt.

Magnet: Ein Metallstück (meist aus Stahl), das mit einer unsichtbaren Kraft, dem Magnetismus, andere Metalle anzieht oder abstößt. Magnete können auch Elektronen durch Drähte bewegen.

Mikrofon: Ein Gerät, das Schallschwingungen (z.B. der menschlichen Stimme) in elektrischen Strom umwandelt.

Mikrowellen: Winzige Energieschübe, die beispielsweise Telefonsignale zu einem Satelliten und wieder zurück transportieren oder mit denen man Speisen aufwärmen kann.

Provider: Ein Zentrum, das die Verbindung einzelner Computer zum weltweiten Internet herstellt. Eingehende Meldungen werden vom Provider an die Empfänger verteilt.

Radiowellen: Unsichtbare Energieschübe, die Fernseh- und Radiosignale durch die Luft transportieren.

Recycling: Die Verwendung von Abfall zur Herstellung neuer Gegenstände.

Reservoir: Künstlicher See oder Becken zur Speicherung von Wasser.

Scanner: Ein Gerät, das Bilder und Texte in elektrische Impulse umwandelt. Ein Computer kann diese Impulse aufnehmen und sie auf dem Monitor wieder in Bilder und Texte zurückverwandeln.

Sedimentierungsbecken: Ein großes Becken, in dem Schmutzwasser längere Zeit stehen gelassen wird, damit der darin enthaltene Schmutz zum Boden sinkt.

Sicherung: Eine Sicherheitsvorrichtung, die die Stromversorgung unterbricht, wenn in einer Wohnung so viel Strom verbraucht wird, dass es gefährlich werden könnte.

Strichcode: Eine Reihe verschieden dicker schwarzer und weißer Striche, die nur ein Lesegerät entschlüsseln kann (Strichcodes findest du z.B. auf den Waren im Supermarkt, wo mit Hilfe von Lesegeräten die Preise abgelesen werden).

Stromkreis: Eine Bahn, in der elektrischer Strom fließen kann.

Transformator: Ein Gerät, das elektrischen Strom stärker oder schwächer macht.

Wasserturm: Ein Turm mit einem Wassertank an der Spitze. Das Wasser wird auf den Turm hinaufgepumpt um genügend Druck auf das Wasser in den Leitungen auszuüben, damit es schnell genug aus den Wasserhähnen herausfließen kann.

Register